メンズ
ファッションの
解剖図鑑

THE ANATOMICAL
CHART OF MEN'S FASHION

理論と図解でよくわかる
おしゃれのルールと方程式

ファッションバイヤー・ブロガー

MB

X-Knowledge

Coordinate

基本のコーディネート

最もシンプルな 7：3の黄金律コーデ

下半身はシルエットが整って見えるスキニーパンツと細身のスニーカー、上半身はツヤのあるカットソーにドレスライクなジャケットを羽織っています。日本人に最も適したドレス:カジュアルのバランス＝7:3をきっちり抑えており、シンプルながら上品で大人っぽい印象に。ジャケットで1万円台、そのほかも5000円以下で入手でき、カットソーに至っては2枚組で990円。コスパも最強のコーデです。

使用アイテム｜ジャケット（ユニクロ）／カットソー（ユニクロ）／パンツ（ユニクロ）／シューズ（コンバース）

夏のカジュアルアイテムを大人っぽく着こなす

涼しげなショートパンツ(ショーツ)に、鮮やかかなネイビーが美しいデニムシャツを合わせた夏コーデ。子供っぽくならないショーツの選び方のコツは①膝より少し上の丈と②ゆとりのある裾幅。カジュアルアイテムのデニムシャツも、デザインがシンプルで、着丈がドレスシャツのように長めのものを選べばドレスライクに。靴はスリッポン・サンダル兼用できるエスパドリーユ。

使用アイテム | シャツ(ディスカバード) / ショーツ(ユニクロ) / シューズ(ガイモ)

モノトーンでも地味になり過ぎない＋1

春・秋・冬と3シーズンに渡って使えるのがハイゲージニット。きめが細かくツヤがあり、保温性も高いニットのことです。特にユニクロのエクストラファインメリノセーターは丈夫で着心地もよく、3000円台で買えてしまいます。上品な光沢があるので上下がモノトーンのみでも地味になりません。「＋1」的に色や柄モノを使いたいときはバッグやストールなどの小物がおすすめです。

使用アイテム｜シャツ（ユニクロ）／セーター（ユニクロ）／パンツ（ユニクロ）／シューズ（ユニクロ）

実用性も備えた
ドレッシーな旅スタイル

バックパックからチェスターコート、ボトムス、ストールまでモノトーンに抑えたドレスライクなコーディネート。インナーに合わせたGジャンは襟の寂しくなりがちなチェスターとは相性抜群。差し色としても防寒着としても使えます。雪国ならば襟付きのダウンベストでも○。細かいテクニックですが、バックパックはワンショルダーで担ぐと肩のストラップも目立たず、こなれた感じに。

使用アイテム｜コート（ユニクロ）／Gジャン（ユニクロ）／ストール（エチュードスタジオ）／パンツ（ユニクロ）／シューズ（ヒカーン）

色・柄を使ったコーディネート例

色もそうですが、柄もカジュアルになってしまう要素のひとつ。取り入れる場合は、このコーデのようにストールなどの小物を使うと簡単です。

使用アイテム｜ジャケット（ユニクロ）／カットソー（ユニクロ）／パンツ（ユニクロ）／シューズ（ビカーシ）／ストール（ストフ）

Material and Color

素材と色彩の選び方

素材の選び方とコツ

同じアイテムでも素材によって印象は大きく左右されます。左の写真は、上が太めのウールでざっくりと編まれた「ローゲージ」と呼ばれるセーター。下は極細のウールで細やかに編まれた「ハイゲージ」と呼ばれるセーターです。同じシルエットで同じ色ですが、遠目から見ても印象は変わります。ハイゲージは保温性も高く、美しいツヤがあり、非常に使い勝手がいいアイテム。ローゲージはカジュアルな印象になりますが、凸凹が表情となり、スラックスなどのドレスライクなアイテムと合わせれば大人っぽいリラックス感が出せます。どんな素材でも使いどころとバランスを意識することで有効に活用できます。

色彩の選び方とコツ

素材と同じように印象を左右するのが色彩です。こちらは素材・シルエット・デザインすべて同じセーターですが、色のトーンが違います。上が鮮やかなレッド。下が渋めのボルドー。単体で見れば、目も引きますし、印象も一気に変わるので、手っ取り早くおしゃれになりたい！と思う初心者はついつい前者に手を出してしまいます。ですが、初心者がどうしても赤系を使いたいならばボルドーが正解。面積にもよりますが、黒に近いダークトーンを使えば子供っぽいカジュアル感は抑えられます。ただし、色を使うならば赤系よりも、彩度の低い青系のネイビーや緑系のカーキから入った方が無難です。

スキニーパンツの選び方とポイント

Sample: ユニクロ

1.

色は黒を選ぶ

色は黒く、ストレッチ性のあるデニム生地。少々きつくても履いているうちに馴染みます。

2.

目立たない装飾

余計なポケットやZIPなどの過剰な装飾のないものを選ぶこと。ステッチも黒く目立たないものを。

3.

膝下はタイトに

裾の絞り具合（テーパード）がきついものを選びましょう。ユニクロでは裾幅も詰められます。

4.

クッションに注意

裾が余ったら必ず裾上げかロールアップすること。しわ（クッション）が多いとルーズな印象に。

One Point Advice

スキニーに抵抗のある人は
膝下から裾が絞られるテーパードパンツがおすすめ。
また、最近では股上がやや深めのものも
市場に出回っていますので探してみてください。

ジャケットの選び方とポイント

Sample: ユニクロ

1.
ツヤのある黒

まずはシンプルなデザインの黒を。ツヤのあるウールかレーヨン混のポリエステル素材がおすすめ。

2.
タイトめの肩幅

肩幅は少しきついくらいのものがおすすめです。シルエットが作りやすくなります。

3.
ルーズにならない袖

袖は腕を下ろしたときに手首の骨が隠れる程度。長いとルーズな印象になります。

4.
長過ぎない着丈

着丈はおしりが半分隠れるくらいが○。ポケットは目立たないフラップタイプ。

One Point Advice

仕事用のスーツは運動性を考慮して、やや大きめにサイジングしているはず。裾や丈が長いとルーズな印象になるので新たに買い直すことをおすすめします。

スニーカーの
選び方とポイント

Sample: コンバース

1.

着回しを重視

1足目は目立たず、着回しも効く黒が○。色や切り替えが多いとカジュアルになります。

2.

色合わせで脚長に

ハイカットはボトムスと色を合わせたときに脚長効果を得やすいのでおすすめです。

3.

靴底は薄めが○

革靴のように、底が薄く幅が狭いものを。靴にボリュームがあると子供っぽい雰囲気になります。

One Point Advice

色や切り替えの多い
ハイテクスニーカーを履きたい場合は
トップスとボトムスをモノトーンにするなど、
できるだけドレスライクにすると○。

ワイシャツの選び方とポイント

Sample: ユニクロ

1.
まずは白シャツ

シャツはまず一番に白を。清潔感があり、インナーにも合わせやすく1枚でも着られます。

2.
ツヤのあるブロード

1着目は薄手で柔らかくツヤのあるブロード素材を。襟はやや小ぶりのレギュラーカラー。

3.
アームホールは細め

丈はおしりの半分前後。袖はアームホールが太すぎず、親指の骨にややかかる程度の長さ。

One Point Advice

ボタンダウンや、ざらっとした
オックスフォード素材はややカジュアルになります。
他のアイテムとのバランスを考えて
チョイスしましょう。

Silhouette

シルエットの作り方

使用アイテム｜カットソー（ダルマールマリン）
シャツ（ユニクロ）／パンツ（ユニクロ）／シューズ（ユニクロ）

Iラインの作り方とコツ

白シャツと黒スキニーのシンプルなIラインに、ボーダーのカットソーを肩掛けしたこなれた印象のドレススタイル。細身のアイテムを揃えるだけで簡単に作れるIラインですが、カジュアルさの出し方に迷うことも。そういうときはこのスタイルが便利。シンプルなカットソーやカーディガンなどを軽く肩に掛けるだけで、気取らないリラックス感を醸し出せます。

Yラインの作り方とコツ

Yラインは冬ならばスキニーにロングコートを羽織るだけで作れます。形としてはIラインに近いですが、面積的に上半身にボリュームが出るからです。春や秋にYラインを作る場合はストールが便利です。こちらの写真はGジャンとスキニーに黒のストールを巻いています。男性的なシルエットになり、小顔効果も得られます。ストールをトップスと同色にすれば更に効果的です。

使用アイテム | ストール（H&M）／Gジャン（ユニクロ）
パンツ（ユニクロ）／シューズ（ユニクロ）

Aラインの作り方とコツ

カットソーにワイドパンツを合わせた夏におすすめのAラインコーデ。Aラインシルエットは他のシルエットに比べてアイテム選びが難しく、カジュアルになりがち。なるべくドレスライクなモノトーンで、スラックスなどのきれいめのアイテムで作ると失敗しにくくなります。このシューズはグルカサンダル。レザーを使用しており、形も細身で革靴のようなので上品なリラックス感を出せます。

使用アイテム ｜ カットソー（ユニクロ）
パンツ（バージズブルック）／シューズ（Amb）

Oラインの作り方とコツ

着丈のあるポロシャツにゆるめのテーパードジーンズをロールアップして作ったOラインシルエット。リラックス感のあるボトムスですが、目立つ部分である先端（くるぶし）がすっきりしており、シューズもドレス寄りのオペラシューズでバランスが保たれています。トップスもラコステのツヤのある黒ポロシャツ。襟が堅く、程よく立ってくれるのでカジュアルになり過ぎません。

使用アイテム｜ポロシャツ（ラコステ）
パンツ（ユニクロ）／シューズ（ビカーシ）

Item Choice

小物の選び方

ハット

コーディネートを一気にドレスライクにしてくれる黒ハット。素材はウールライク、デザインもシンプルなものを。つば部分がやや波打っている形状のものなどはややカジュアルめ。

眼鏡

眼鏡の似合う・似合わないの判断材料になるのは、基本的に「違和感」です。フレームとレンズの色はなるべく肌色に近い「茶色」や「ベージュ」にするのが○。フレームの太さは5mm前後のものを。

腕時計

腕時計を選ぶポイントはシンプルかつ説得力のあるデザイン。アンティーク調のものや、実用性を感じられるものを選ぶと大人な印象に。こちらは「アノーニモ」というブランドのミリタリー時計。

アクセサリー

アクセサリーは本来、男性には不自然なもの。素材はギラギラしたシルバーではなくマット加工された黒を選んだり、経年変化したような少しサビ感のあるシルバーが○。

メンズファッションの解剖図鑑

THE ANATOMICAL CHART OF MEN'S FASHION

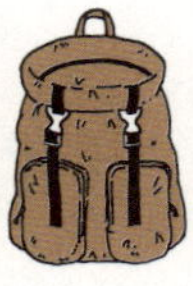

はじめに

この本は、
かねてよりメルマガやブログ、本などで紹介している、
「誰でもすぐにおしゃれになれるルールと論理」を、
ユニークながらも正確なイラストと図解で、
より深く、楽しく、正しく理解してもらうための本です。
この理論に初めて触れる初心者の方はもちろん、
いつも支えてくれる愛読者の皆様にも楽しめる内容になっています。

第1章「おしゃれと感じるのにはワケがある」では、
おしゃれに感じるコーディネートには一定の法則があるということを、
誰にでもわかるように論理的に、
ちょっと楽しいイラストを使って説明しています。

第2章「デザイン・シルエット・素材が作るイミ」では、
カタチや質によって変わってくる、

各アイテムの微妙な印象の違いや、
初心者が選ぶべき最初の一品のディテールを、
正確な図と共にご紹介します。

第3章「おしゃれになるためのクセをつける」では、
初心者でも実践できそうな、
おしゃれになるための思考や習慣を、
相変わらずのユーモラスなイラストと一緒にご提案させていただきます。
興味の持てそうなところから読んでも構いません。
途中で、「ん？ルール？原則？」と、
思ったら第1章を読んでみて下さい。
すぐに納得できるはずです。
付録として、終わりの方には初心者向けの用語集もついています。

この本を読めば、あなたがおしゃれになることは、ほぼ確実です。
そして、おしゃれになって得た自信で、
おしゃれ以外のことを、どんどん楽しんでもらえれば幸いです。

MB

CHAP. 3

ファッションの教科書

おしゃれになるためのクセをつける

CHAP.

1

おしゃれの方程式

おしゃれに感じるのには
ワケがある

大原則 7：3の法則

日本人が守るべき黄金律 7：3の法則

突然ですが、典型的な日本人のイメージを思い浮かべてください。「七三分けにメガネ（のサラリーマン風）」が思い浮かんだ人も多かったのではないでしょうか。ドラマ『半沢直樹』でも主人公のサラリーマンを演じる堺雅人はピシッとした昭和感のある七三分けでした。最近では現代風にアレンジされ、すっかり「おしゃれヘア」としての市民権を獲得しましたが、それまでは海外の人からすると「ズル賢そうな」、日本人からすると「ダサい」、ネガティブなイメージの方が強かったものです。しかし、きっちり固めた七三分けは、炎天下の中を営業して歩き回り、汗水たらして働く日本のビジネスマンにはピッタリな髪型でした。そして、その先人の知恵（?）である「7：3の法則」は、なんと日本人のオシャレを考える上でも役に立つ大原則になるのです。

日本人に適したドレス：カジュアルの配分は7：3

日本人のアメカジ信仰

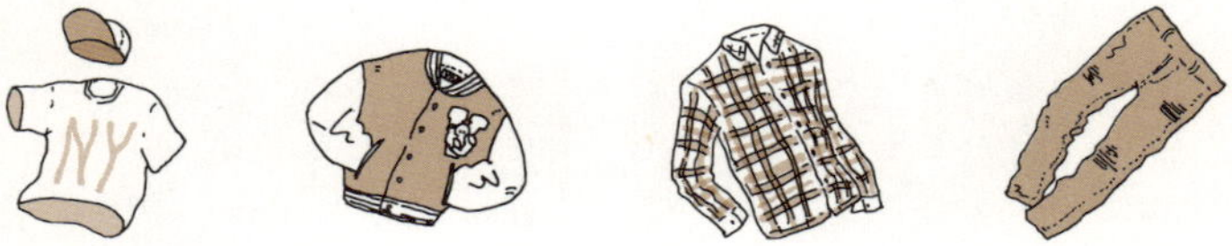

ネットや中高年を中心に、なぜか根強く蔓延している「ラフなアメリカンカジュアルこそ、真の男のスタイルだ」的な「アメカジ信仰」。これは60年代にアメリカのファッションやライフスタイルが日本でも隆盛し、憧れの対象となっていたことが元になっています。このため、日本でテキトーに服を買うと、多くの人は「なんとなく」カジュアルなアイテムを買ってしまうのです。

ドレス：カジュアルの黄金律は？

しかしながら、日本人は欧米人に比べて顔つきや体型も幼いのが現実です。彼らと同じようにカジュアルな服装をしても、どうしても幼さや違和感が生じます。そこで、白シャツやテーラードジャケット、スラックス、ハットなどのヨーロッパ的なドレスアイテムを街着として着こなすだけで他の人との差別化ができ、「大人っぽく」「おしゃれ」に見えるのです。とはいえ、ドレスアイテムだけで構成しては、今度は「不自然さ」が強調されます。ドレスとカジュアルをうまくミックスする必要があります。その配分で日本人に最適なのが「7：3」なのです。

7：3の整え方

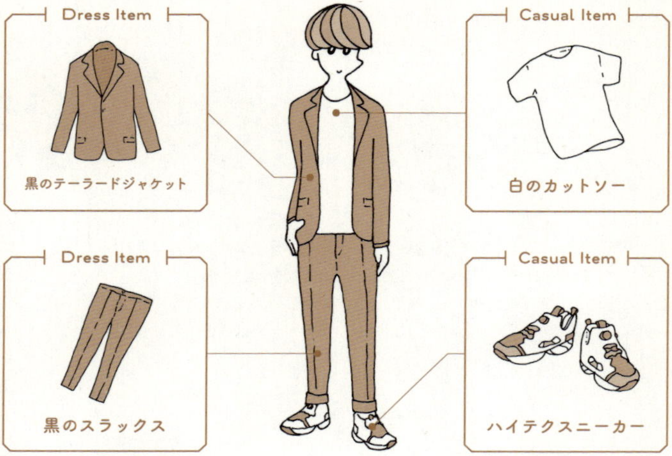

7:3の典型的なものが無地のTシャツにテーラードジャケット＋スラックスのセットアップです。この例の場合は上下が黒なので、靴を色彩豊かなハイテクスニーカーにするなどして遊んでもいいでしょう。

6：4にすると…

8：2にすると…

上の7：3からジャケットを脱がせると6：3に。インナーをシャツに変えると8：2になります。6：4はビジネスカジュアルや初対面の人との場にはラフ感が強すぎますが、近所のお買いものや親しい友人に会う程度なら問題ありません。8：2はビジネスカジュアルなどには最適ですが、休日の軽いデートや飲み会などの場合には「ややキメ過ぎ」感があります。

ジャケットなどに抵抗があるならば、同じ白のカットソーでも光沢（ツヤ）のあるものを選ぶ。靴を細身の革靴などにしてもドレスアップになる。

時計・靴をカジュアル寄りにする、裾or袖をまくるなどしてドレスダウンすると○。

かといってドレスに寄りすぎると…？

さて9：1は…？

ドレスライクに寄りすぎると「不自然さ」が勝ってしまいます。あくまで自然な上品さ・大人っぽさを目指しましょう。

配分の名人、マイケル・ジャクソン

「キング・オブ・ポップ」と呼ばれたマイケル・ジャクソン。彼はドレスとカジュアルのミックスも非常に上手でした。

Casual Technic

腕まくり

腕まくりをすると袖が絞られ、うまい具合に「色気」が出ます。

Dress Item

黒ハット

つば広の黒ハットは簡単にドレス感が出ます。右ページの6：4の服装にこれをかぶせるだけでドレスアップになります。

Useful Item

ローファー

マイケルと言えばコレ。ローファーはカジュアル寄りのドレスシューズなので非常に便利。

Casual Item

白ソックス

上下黒のセットアップにスポーティーな白のソックス。マイケルのテクニックのひとつです。

Point！

顔や体型で幼く見えがちな日本人は、常にドレスライクに寄った配分を心がけましょう。

ルール① ボトムスから揃える

ボトムスは印象を整える。印象が整うとオシャレに見える。

ちょっといい感じの小料理屋さんに行ったとき、申し訳程度の麩や鶏肉がちょこんと浮いた「お吸いもの」が出てくることがあります。何の気なしに食べてみると、しっかりダシが効いており、思わず舌鼓を打ってしまった…。みなさんにもこういった経験はないでしょうか。この場合、具となる麩や鶏肉などの素材を厳選しているかもしれません。が、やはり決め手になるのはダシです。ダシが入っておらず、お湯だけや塩だけだったりすると、いくら具に高級なモノや見た目が良いものを選んでも、物足りなく感じるものです。逆に言えば、ダシさえしっかり効かせていれば、具はスーパーや近所の格安量販店のモノでも美味しくできてしまいます。つまり、何が言いたいの？そう、オシャレの場合、ボトムスは「ダシ」で、トップスは「具」なのです。

そもそも「トップス」とか「ボトムス」って？

トップス＝「上衣」、ボトムス＝「下衣」

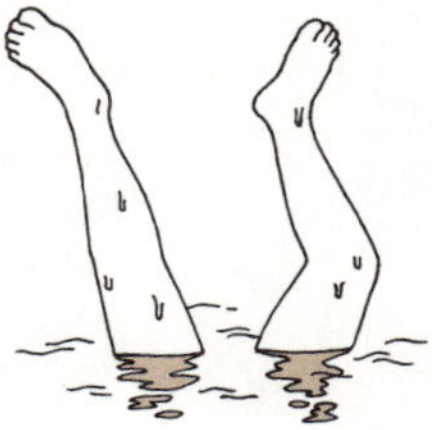

トップスは上半身に着ている衣服です。カットソー・シャツ・ジャケットなどですね。アウターやインナーもトップスに含まれます。帽子やメガネなどを指すことは稀です。

ボトムスは下半身に着る衣服です。「ボトムスをお探しですか？」と声を掛けられた場合は、基本的にはパンツ（いわゆるズボン）を指しています。シューズやソックスを含むことも。

美しいものは下部からして美しい

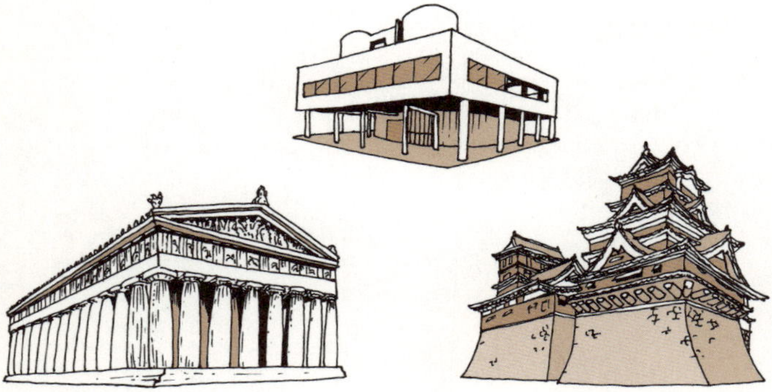

後述しますが、「トップスは印象を変えるもの」で、「ボトムスは印象を整えるもの」です。印象が整うとは端正に見えるということです。石垣の美しい熊本城など、建築においても美しいとされるものは下部からして整っています。そういえば、富士山の美しさも、粘度の低いマグマによって生み出された裾野の広さが、その魅力の秘訣とされていますね。

印象を変えるのがトップス、整えるのがボトムス

印象を変えたくて

初心者の方は多くの場合、トップスから揃えようとします。トップスは顔周りに近いので視線が集まりやすく、自分で鏡を見る場合も必然的に上半身だけを見てしまいがちだからです。

店員さんもついつい…

服屋の店員さんも、多くの場合はトップスから推しがちです。彼らに悪気はありません。が、「印象を変えてあげたい！」という気持ちから、そうなってしまう人が多いのです。

トップスだけだと、どこかチグハグ

せっかく美しいシルエットのジャケットやシャツを買っても、ボトムスが野暮ったいままでは、全体の印象もどこか垢抜けずチグハグです。この絵の方は、今はご満悦ですが、お手洗いで姿見（全身鏡）を見たときに「あれ…？」と思ってしまうでしょう。

野暮ったいボトムスの例

折り返すと
柄が見える
ジーンズ

ポケットが
いっぱいの
カーゴパンツ

ブーツカットの
ジーンス

最短の道は美しいボトムスから

実はボトムスが整っていれば、トップスは手持ちのものやリーズナブルなものでも、ある程度はおしゃれに見せることができます。

使いやすいボトムスを揃えてみました！

※初心者はダークトーンがおすすめ

テーパードスラックス

膝上丈のショートパンツ

スキニーデニム

テキトーなトップスを集めてみました！

ユニクロのオックスフォードシャツ（1990円）

ちょっと大きめの無地Tシャツ（おさがりにつき0円）

お母さんが買ってきた微妙なTシャツ（price less）

ちょっと着てみました！

A. オックスフォードシャツは、ややカジュアル寄りのドレスシャツですが、ツヤのある黒スラックスと合わせればドレス寄りをキープできます。袖をロールアップすると○　B. 裾幅にやや余裕がある膝上丈のショートパンツは脚長効果もあります。C. 袖をまくるなどすれば休日の軽いお出かけ程度なら。多色使いや、萌え系のアニメキャラなどの場合は厳しいですが…

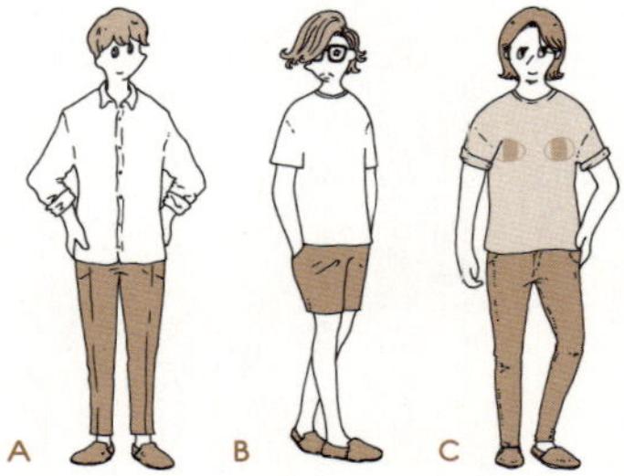

Point！

「手っ取り早くおしゃれしたい」人は
必ずボトムスから揃えましょう。

ルール② シルエットを整える

シルエットは、「I」「A」「Y」で美しく。

メンズにおいて、「シルエット」という概念は、あまり浸透していません。しかし、これを意識するだけで、あなたのコーデは格段に進化します。シルエットの基本的な形は「I」「A」「Y」。上下のシルエットが、このアルファベットの形に添っていると、体型が美しく見え、サマになりやすいのです。「なるほど！　でも、僕は上半身に筋肉がないからYは無理かも」と思う人もいるかもしれませんが、違います。シルエットとは、服を着たときの輪郭だけでなくボリュームも指します。ボトムスを細身にして、トップスにボリュームのあるアイテムを持って来れば「Y」に見えます。…となると、一見、万能そうなストレートジーンズ。これって、メリハリの出しにくい、結構な上級者アイテムなんです。私が初心者にスキニーやテーパードなどの細身のパンツを勧める理由は、ここにあるのです。

基本のシルエット「I」「A」「Y」

基本の「I」「A」「Y」

服を着たときのシルエットは以下の3つが基本とされています。

◎Iライン

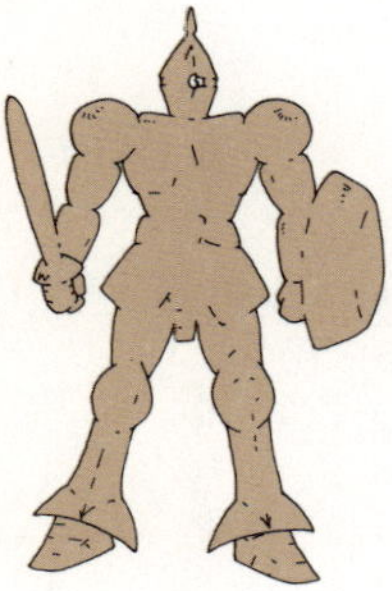

トップス・ボトムス共に細身のアイテムを使ったシルエット。ビジネススーツも基本的にはこのシルエットですね。一時期は横もピッチピチで縦も短めのIラインが流行りましたが、そこまでしなくてもいいです。次のページで詳述します。

◎Aライン

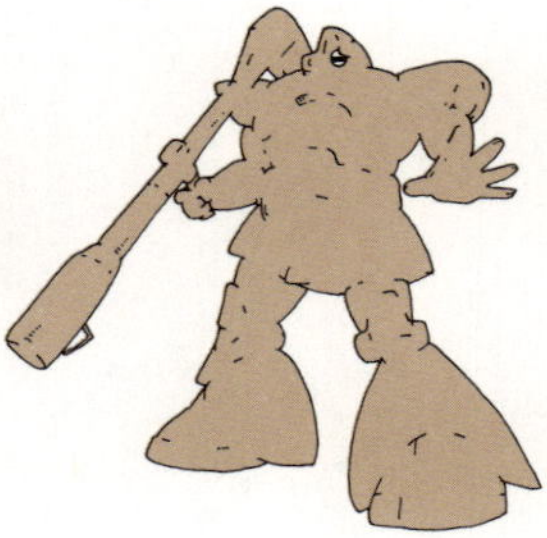

トップスは細めでボトムスにボリュームのあるアイテムを使ったシルエット。アルファベットのAのような形になります。かのクリスチャン・ディオールが名づけたもの。夏は作りやすくておすすめです。

◎Yライン

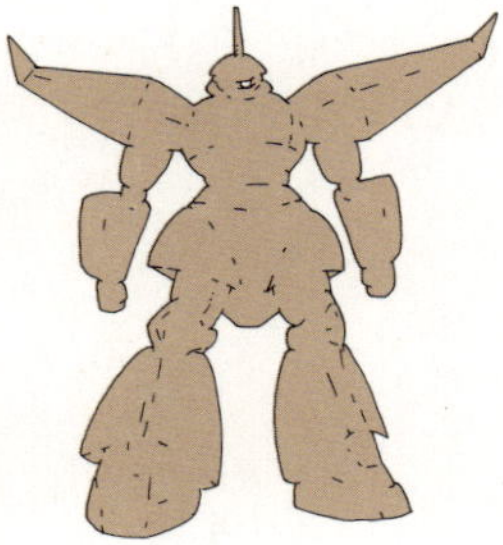

トップスにボリュームのあるアイテムを使い、ボトムスを細身にしたシルエット。アルファベットのYや逆三角形のような形になります。Iラインの次に作りやすく、男性的な色気を強めてくれるので慣れたら是非チャレンジしてみてください。

さまざまなシルエット

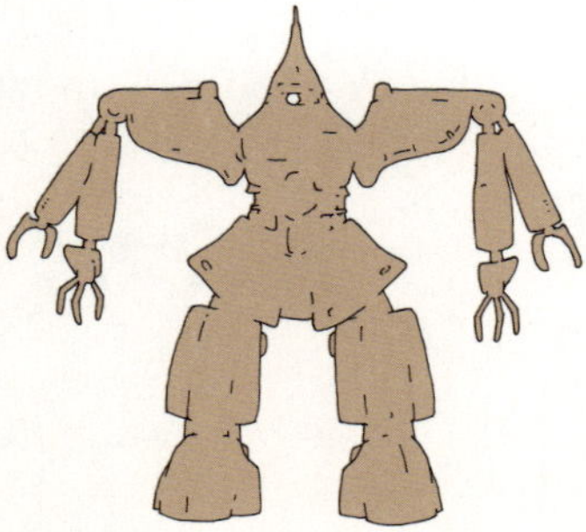

他にも上下にボリュームを出しながらウエストをきつく絞らせた「X」ラインなど、さまざまなシルエットがあります。とはいえ、メンズファッションにおいては上の3つと後述する「O」ラインさえ知っていれば全く問題ありません。

初心者におすすめの「I」ライン

おしゃれの勉強をし始めた初心者の方には「I」ラインがおすすめです。スーツのようにタイトなシルエットはドレスライクな印象に近づけやすく、アイテムも選びやすいからです。

Iラインを作りやすいアイテム

トップス

テーラード
ジャケット
&
ドレスシャツ

色は「収縮色」の黒や濃い寒色系（ダークネイビーなど）にしましょう。よりタイトに見えます。

ボトムス

スキニーパンツ
or
テーパード
パンツ

ジャケットは肩が少しきついくらいのものを。パンツはストレートでは中途半端になりがちなので、スキニーかテーパードが基本。スキニーは履いていれば少し伸びます。

Aラインは意外に難しい

近年はコレクションや都市部を中心に、Aラインを作りやすいワイドパンツが普及してきました。Aラインはトップスがシンプルになりがちな夏には非常に便利。無地の半袖カットソーとワイドパンツだけでサマになります。しかし、トップスのアイテムが複雑になる夏以外はシルエットの調整が難しくなります。初心者の内は控えるのが無難です。

日本人に適したシルエット「O」ライン

体型に悩む日本人たち

実は、胴長短足・中年太り・パツパツ筋肉質といった日本人にありがちな体型の悩みをカバーしてくれる便利な形があります。それが「バルーンライン」とも呼ばれるシルエット、「O」ラインです。

「O」ラインのコーディネート例

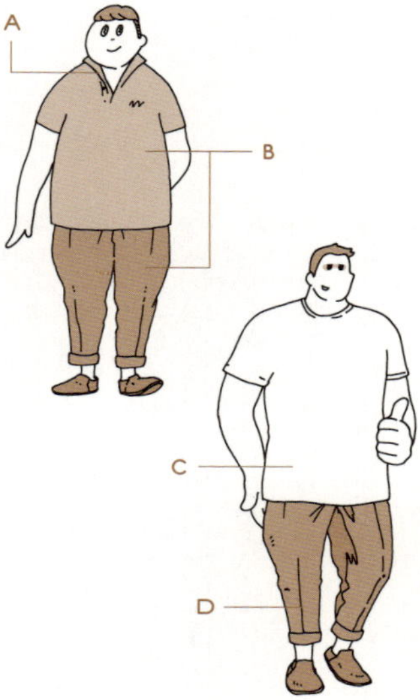

A.
襟の立て方

襟を立てると小顔効果がでます。違和感なく自然に立っているように見せるため、ポロシャツは襟の硬めのもの、ドレスシャツであれば襟の小さいものを選びます。

B.
ダークトーンの上下

太目の体型が気になる方は黒やダークトーンの収縮色を。少し細めに見えます。ただし、野暮ったくならないようにツヤや光沢のあるものを選びましょう。

C.
丈の長いトップス

視覚効果で腰の位置が不明瞭になります。胴長が気になる場合は、トップスの着丈を短くするのではなく逆に長くするのがコツ。また裾がリブになっているものは避けます。

D.
太めのパンツをロールアップ

スキニーがきつい人はテーパードパンツがおすすめです。それでもきつい方は少し太めのストレートパンツを軽くロールアップするだけで印象がかなりスッキリします。

Point!

初心者はドレスライクなシルエット「I」ラインから。慣れたら「Y」「A」「O」ラインにも挑戦しましょう。

ルール③ 色はモノトーン＋1色に抑える

百万本の花束をまとうより、一輪の花を胸に差すように。

少し前からですが、コンゴ共和国のおしゃれ集団「サプール」が話題になりました。彼らは「世界一、優雅でおしゃれなジェントルマン」と呼ばれ、少ない給料の大半をファッションに注ぎ込み、服の汚れるような醜い振る舞いはしないことを信条としています。彼らの特徴は、非常に鮮やかな色彩を放つ、クラシックなスーツです。しかし、一見、華やかな着こなしの彼らにも、色彩に関する鉄の掟があるそうです。それは「コーディネートに使用する色は3色を超えてはならない」というものです。整ったスタイルと美しい肌の色を持つ彼らでさえ、色彩選びにはきっちりとしたルールを持っているのです。外国人に劣等感を抱く必要はありませんが、見習うべきところは見習いたいもの。さて、我々のような日本人は色彩に関して、どう振る舞うべきなのでしょうか？

黒を使わないコーデは難しい

最もドレスライクなイメージをもつ「黒」と、清潔なイメージの「白」。結論、完成された大人の街着に最もふさわしいのは、この2色使いです。ですが、やはり自分の好きな色でおしゃれなコーディネートを構築してみたいもの。ここでは色を使う場合の原則をご紹介します。

主な4種のトーン

モノトーン

黒・白・灰の3つの無彩色。黒は礼装にも使用される最もドレスライクな色。ただし、艶のない黒1色は野暮になりがちなので注意。

ダークトーン

ネイビー・ボルドー・カーキ・ブラウンなど。明度も彩度も低い色。黒に近いため大人っぽく、渋みや高級感の出しやすい色。

ペールトーン

スカイブルー・ベビーピンク・ベージュなど。高明度・低彩度の色。淡い色調で白に近く、軽みのあるドレスライクな色です。

ヴィヴィッドトーン

コバルトブルーやスカーレットなど。明度と彩度がどちらも高い色。鮮やかで派手なため、取り入れ方には特に慎重を期します。

明度が上がれば難易度も

ヴィヴィッド複数

ヴィヴィッド＋ダーク

ペール主体

ダーク＋ペール

モノ＋ペール

色の明るさ、使用面積が上がるほどに印象は「子供っぽく」「カジュアル」になります。アニメの主人公のような鮮やかな色使いも憧れますが、まずは街着らしいリラックス感のある大人びた色使いを目指したいもの。では、大人な色使いを保つ原則とはどういったものなのでしょう。

色の明るさ・面積・使用数にご用心

色を使うコーディネートの場合は、その明度・彩度・面積に注意が必要です。実際にコーディネートを構築する場合の考え方を見ていきます。

明度と彩度の考え方

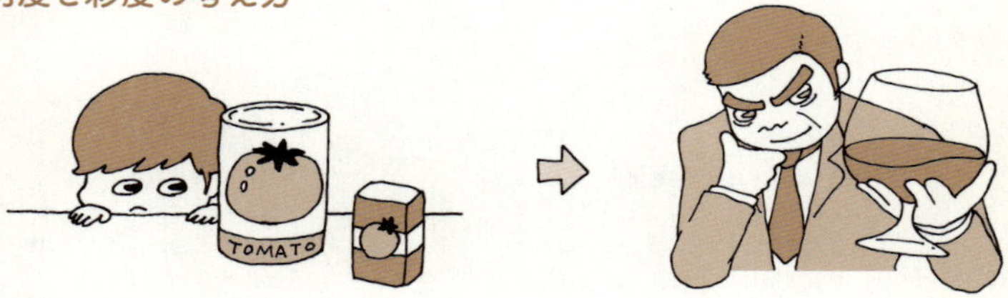

「赤」は男女問わず、やる気を出すためやゲン担ぎとして身にまとう人も多いようです。しかし、鮮やかな赤は街着としては浮きやすく、カジュアル感が出やすいもの。こういった場合は同じ赤系統でも深みのあるボルドーを使うことで落ち着いた雰囲気になります。同じように青系統なら鮮やかなコバルトブルーではなく大人っぽいネイビーを選択するとカジュアル感を抑えられます。

色面積と色数はなるべく抑える

「今日はどうしても鮮やかな赤…！」という場合には色面積を抑えます。とはいえゴチャゴチャと何色も使っては意味がありません。色数を増やすなら更に面積を抑え、場所も集中させます。上のようにスカーフや腰巻き・羽織りのカーディガンなどで使えば簡単に上品な印象になります。いずれにせよ「モノトーンに1色だけ差し挟むように」というのが色使いの鉄則です。

アクセントカラーは小物から挑戦

四季ごとの「モノトーン＋1色」コーデ例

〈春〉

クラッチバッグ

他のバッグとは違い、手に持つだけのクラッチは、シルエットや全体のコーディネートを崩しません。色だけでなく柄や素材など「今っぽさ」を取り込むのに最適なアイテム。

春はペールトーンに挑戦もおすすめ。

〈夏〉

ブレスレット

視線が集中しやすい手首ですが、夏は寂しくなりがち。ヘアゴムをつけるだけでも印象は整いますが、色面積も小さいので色を使う場として適しています。

重ね付けは色の使い過ぎに注意。

〈秋〉

ハイテクスニーカー

原色と蛍光色の組み合わせなど、未来感のある色使いが多いハイテクスニーカー。モノトーンのドレスアイテムに合わせれば、かっちりし過ぎない小慣れたコーデが完成します。

色や柄つきの靴下も遊べます。

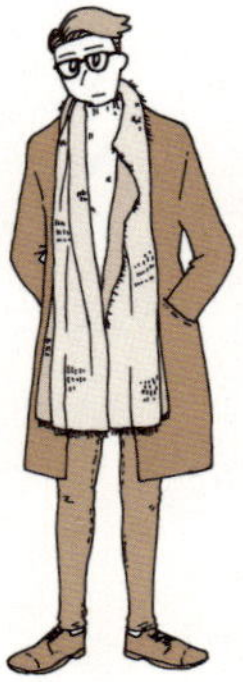

〈冬〉

大判ストール

首元にボリュームを持たせ、小顔効果も期待できるストール。普段使いなら艶のある黒がおすすめですが、時々取り入れれば重くなりがちな冬のコーデを軽くしてくれます。

帽子はモノかダークトーンが無難。

初心者だけでなく、デザイナーなどファッション界のプロでも基本にしている「モノトーン＋1色」。最初はクラッチやストールなどの小物で取り入れていくのがおすすめです。まず目指すべきは「ファッショナブル」より「スタイリッシュ」です。

Point!

コーディネートは色味を抑えるほど大人っぽくドレスライクに。慣れるまでは「モノトーン＋1色」を心掛けましょう。

COLUMN

1

おしゃれで人生を好転させた男

私は子供のころ、とても内気でした。

虚弱体質ですぐに体を悪くするので、外にでたがらず、旅行に行っても帰りたがり、幼稚園に行くのも心底嫌がっていたそうです。

そんな性格が少し変わったのが幼稚園の運動会。行進の先頭になって、綺麗な衣装と旗を持って歩くことになったそうです。母いわく、その時から「性格が前向きに明るくなった」のだそうです。格好良い衣装を着て、皆が褒めてくれて、自分に自信がついた時、私は少し人生を楽しめるようになったのです。

それでも、内気な性格というのは、なかなか治るものではありません。学生になり、勇気を出して、おしゃれな服屋さんやカフェに行っても、だんだんと「自分がここに居ていいのだろうか」とドギマギしだして、酷い時にはウェイターさんを呼ぶことすらできませんでした。

しかし、兄が「今はこれが格好良いんだよ」と、服を貸してくれた日だけは、なぜか堂々と振る舞うことができました。服屋さんでも、スタッフさんと流暢に話せ、ウェイターさんに声を掛けるのも平気になるのです。「たかが1枚の洋服」で「簡単に自信がつくこと」を、強く認識できました。

今では、バーに行って、ひとりでお酒を飲むことも、憧れていたデザイナーさんと談笑することも、何も意識せずできるようになりました。見た目も決して良くなく、内気で引きこもりだった私の人生は、「おしゃれ」で、まったく別方向に変わりました。男友達だけでなく女友達も増え、好きなセクシーアイドルのサイン会でも隣の人と簡単に友達になれ、スポーツができなくても観戦に誘ってくれる友人ができました。昔、つき合っていた彼女からは「あなたは服があって本当に良かったね（笑）」となじられたこともあります。

販売員は売るために嘘を教えてしまいます。雑誌は、広告主のために本当のことを言えません。そのため、おしゃれは複雑で、お金とセンスが必要なものと誤解されてきました。

ですが、「おしゃれ」とは他人が客観的に判断するものです。多くの人から評価されやすい法則が存在します。法則が存在するのなら、そこに論理性があります。その論理を心得てしまえば、人は簡単に「おしゃれ」になれるのです。

ピアノはデタラメに弾いていたら綺麗な音は生まれません。でも「ドとミとソを一緒に弾くと明るい気分の音が出るんだよ」と、ルールを教えてもらえればその瞬間から綺麗な音が出せるようになるのです。

私は自分が生まれてきた理由は、おしゃれを広めて、みんなの幸せな時間の総量を、少しだけ底上げするためではないかと思う時があります。できることなら、すべての人に、おしゃれになって、街を堂々と歩いて欲しい。この国の、できるだけ多くの人、おしゃれになり、人生の幸せな時間が増えるように…そういう思いで毎日のように文章を書いています。

CHAP.

2

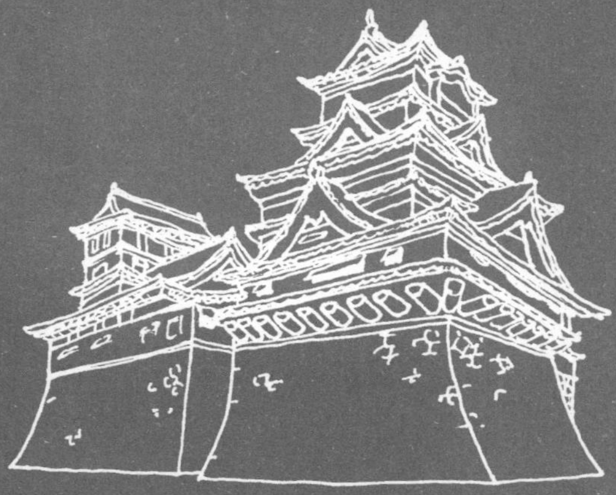

アイテムの解剖図鑑

形と素材がつくる イミ

ボトムス（パンツ）

ハイブリットアイテムで、燃費よくいきましょう。

念のためですが、ここで1章のおさらいです。①メンズファッションは「ドレスとカジュアルのバランス」が重要で、その比率は7：3が目安。②ボトムスは印象を整える重要なポイント。③初心者はシルエットをなるべく細めで整える（特にボトムス）。④コーディネートはモノトーン＋1色が基本。勘のいい人は「あ、ということは…」と思ったかもしれません。そう、「単体で「7：3」のバランスを保ち、整ったシルエットかつ黒い色のボトムス」を選べば、上はテキトーな格安のTシャツを持ってきてもハズしすぎることがなくなります。私はこういったアイテムを「ドレスとカジュアルのハイブリッド」と呼んでいます。土台となる便利なハイブリッドボトムスを揃えてしまえば、もう急ぐ必要はありません。そう、ハイブリッドにすると「燃費」が良くなるのです。

ドレス寄りなボトムスを手に入れる

オシャレの道はボトムスから

ルール①（P28）にあるように、まずはボトムスから揃えるのがオシャレの近道です。では最初の1本はどうするべきか？　おすすめは「ドレスライクな1本」です。これがあれば上が多少カジュアルでも、なんとなくオシャレに見えるようになります。それではドレスライクなボトムスとはどういったものなのでしょう。

ドレスライクを決める3つの要素

デザイン

装飾などのディテール。ボトムスの場合、スーツに用いられるスラックスが最もドレスライク。つまり、ポケットやステッチ（縫い目の見える部分）が少ないシンプルなデザインがベスト。

シルエット

アイテムの形。基本的には細身がドレスライク。ただし、視線の集中する先端部分（膝下や裾）が絞られているだけでも印象は整います。丈の余り（クッション）はルーズな印象になるので要注意。

素材（カラー）

素材と色。ボトムスの場合、素材はウールやレーヨン混のポリエステルなどを使用した光沢・ツヤのあるものがドレスライク。色は黒が断然おすすめで、次がネイビーなどのダークトーン。

裾が細身の黒いボトムスを1本！

ここではいくつかのボトムスを紹介します。基本的に上に位置するアイテムがおすすめ。
なんとなく万能そう…、と思っていたあの1本が実は上級者向けだったりもするのです。

初心者おすすめ3大ボトムス

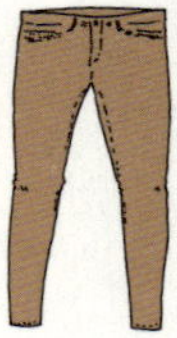

1. スキニーデニム

黒スキニーは最強のハイブリッドアイテム。ステッチも目立たず、I・Yラインを作りやすい細身。履いてるうちに少し伸びます。

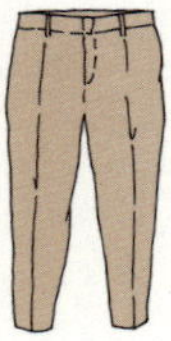

2. テーパードパンツ

スキニーに抵抗のある人におすすめ。膝下から裾にかけて細くなります。くるぶし程度の丈（アンクル丈）が綺麗に見えます。

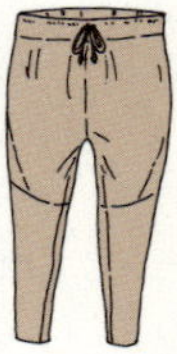

3. スウェット（ジョガー）パンツ

裾が絞られたフィット性・ストレッチ性の高いパンツ。裾のリブがゆるいものはアンクル丈にしないと、もさっとした印象に。

慣れてきたら挑戦！ 遊べるボトムス

4. ショートパンツ

膝上丈のパンツ。ショーツ。上手く履きこなせば、肌色面積が大きくなり、脚長効果も期待できます。ダークトーンで、丈は膝の少し上、裾幅はややゆとりのあるものを。

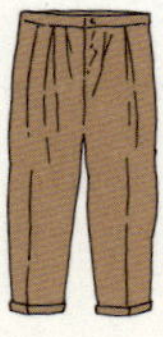

5. ワイドパンツ

レディースを先駆けとして浸透しつつある太めのパンツ。Aラインが作りやすい夏におすすめ。デニム地ではカジュアルになり過ぎるので、柔らかくツヤのある素材を使ったワイドスラックスが合わせやすいです。

実は意外に難しいボトムス

6. ストレートデニム

中途半端な裾幅や丈感でシルエットが作りにくく、野暮になりがち。オシャレという観点では実は上級者向けです。

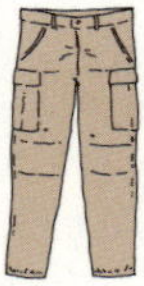

7. カーゴパンツ

ポケットやヒモが多く、カジュアルになりやすい。ロールアップしてドレッシーなトップスに合わせるがコツ。

8. クロップド丈パンツ

膝下丈のパンツ。実は脚における生地と肌の割合が6：4程度になり、短足にみえやすくなります。装飾が多いのも難点。

地に足の着いたコーデから始める

そういえば、モノトーン＝ドレスライクと言っているのに、なぜ白パンツをおすすめしないのでしょう。初心者がボトムスを購入・着用する上で、ヒントとなる話をご紹介します。

引越し屋さんのダンボールはなぜ白い？

人間は黒やダークトーンの箱を見ると無意識に「重い」と予想し、逆に白い箱を見ると「軽い」と予想するという心理学の実験結果がありました。この結果を知った引越し業を営む会社が、包装で利用するダンボールを白に切り替えたところ、効率が上がったのだそうです。

まずは自然なコーディネートを

上の結果からもわかるように人は黒やダークトーンを「地面に近いもの」と感じる傾向にあります。オシャレの上級者はボトムスに白や淡い色を用いて「はずし」として利用しますが、初心者は足元には黒やダークトーンを使うのが違和感もなく、ドレスライクも保てます。

Point!

まずは便利なドレス寄りのハイブリッドボトムスを1本。遊びの幅も広がります。

シューズ

あしながおじさんの脚は、なぜ長く見えたのか？

『あしながおじさん』という有名な童話があります。名前は聞いたことはあるけど内容までは知らない…という方も多いのではないでしょうか。かくいう私も、世界名作劇場でやっていたのを、かすかに覚えているくらいです。話は少しずれましたが、このお話では主人公の少女が、夕暮れの孤児院の廊下に伸びた人影を見て「ザトウムシのように細長い脚の男性」と認識します。この人物が「あしながおじさん」です。では、なぜ彼女は彼を「あしなが」だと感じたのでしょうか。もちろん、西日が当たって伸びきった影ですから、非常にスリムで細長い体型だと認識した、というのが主な要因でしょう。ですが、もし、影に服と同じ色がついていたら…。おじさんの靴が厚底ブーツだったら…。履いているボトムが裾広がりだったら…、どうだったでしょう。

単体での格好よさに惑わされるな

カッチョイイ靴の誘惑

男はカッチョイイ靴が大好きです。ブラウンの渋いレザーブーツや、ボリューミーで未来感のあるハイテクスニーカー…。一時期、全国で若者によるエアマックス狩りと呼ばれる凶行が流行るほどでした。現在でもエアマックスをはじめとした様々なスニーカーにプレミアが付き、マニアの間では高値で取引されています。

しかし、いざ家に帰りコーディネートしてみると、これがなかなかしっくりきません。特にハイテクスニーカーはデザインがゴテゴテしていたり、蛍光色や原色などのやけに目立つ色が使われることも多くコーディネートが非常に難しいのです。トップスやボトムスにもデザインや配色が多いと非常にカジュアルな印象になります。

結局、コーディネートに合わせにくいと、あまり履かずに飾るか眠らせることになり最終的に品質が劣化⇒処分…というケースも多いです。靴は機能性とデザイン的な発想が詰め込みやすいので、単体での格好よさに特化してしまいがちなのです。それでも好き！　というなら止めませんが、ここでは合わせやすい靴について考えます。

全体のバランスから考えて選ぶ

進歩と調和は相反しがち？

革靴 → ローテク スニーカー → ハイテク スニーカー

スニーカーの代表格、コンバースのオールスター。初期の見た目はハイカットに細身で底が薄く、色も濃いブラウンと、まるで革靴です。1917年にバスケシューズとして改良され、スニーカーの進化も加速していきます。90年代、更に機能性を高めたハイテクスニーカーが登場。形や素材も多様で、単体での格好よさが追求されました。

ハイテクを履くなら…

トップスとボトムスをモノトーンなどでなるべくドレスに寄せればカジュアルになり過ぎません。

合わせやすいシューズの条件

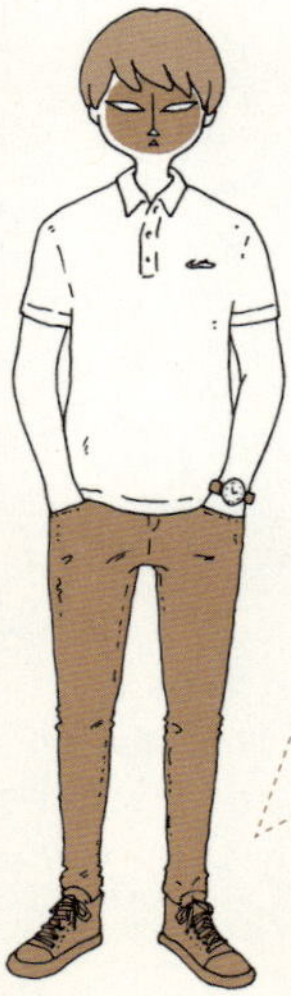

ボトムス・靴下・シューズの色は合わせると視覚効果で脚長に見えます。ボトムス以下を細身で整えると、更にすっきり見えます。

靴のフォルムは革靴に近い、細身のものが○。シャープな印象に。

厚底は視線を集め、かえって脚が短く見えます。薄底のものを。

このように全体でおしゃれに見せたい場合、シューズはなるべく存在感のないシンプルなものがベスト。合わせるのも簡単で、印象もスタイリッシュになります。

ボンでもキュッでもなく、シュッ！

初心者におすすめの3足

エスパドリーユ

夏におすすめ。スリッパのようにかかとを踏んで履けます。革靴のようなフォルムとシンプルなデザインが魅力。コスパも◎。

コンバースオールスター（オールブラックハイカット）

前ページの条件をすべて備えた万能アイテム。薄底なので履き心地が気になる人はインソールを。

ローファー

カジュアル寄りの革靴。学生っぽくなるのが嫌な人は同じくスリッポンタイプの革靴であるオペラシューズがおすすめ。

ブーツを選ぶときもドレスを意識

◎おすすめのブーツ

◎NGなブーツ

ブーツを選ぶときもなるべくシンプルなデザインとフォルムのものを。ブラウンのブーツは単体で格好良いのですがボトムスやトップスをしっかり考えなければなりません。

Point!

まずは細身で底の薄いドレスライクな一足を！

ジャケット

まずは一枚、極上のシンプルを。

THE BEATLES
『THE BEATLES』
- 1968

1968年、後に「ホワイトアルバム」と呼ばれることになるビートルズのアルバム『ザ・ビートルズ』が発売されました。ジャケットは白一色に、エンボス加工で浮かび上がる「ＴＨＥ ＢＥＡＴＬＥＳ」の文字のみ。ポップ&サイケデリックなジャケットが流行していた当時、そのシンプルなデザインに衝撃を受けた人々も多かったようです。２０２０年に東京オリンピックを控え、テレビで１９６４年に開催された際のエンブレムを見る機会が増えました。「ＴＯＫＹＯ １９６４」と記された文字の上に金色の５つの輪、その上に少し黒みがかった日の丸のマーク。歴代作品と比較すると、驚異的なシンプルさです。ゆえに物凄い力強さと美しさがあります。さて、ここではテーラードジャケットの話。何百年もかけ、削ぎ落とされ洗練されていった究極のドレスアイテムの話です。

「ドレス感」で右に出るものなし

紋付の黒羽織のように

モーニング（正礼装） → テーラードジャケット（略礼装）

テーラードジャケットは和服でいうところの紋付の黒羽織。どちらも略礼服から正装として認められるようになったもの。そういえば、江戸時代に人々から「粋」の象徴としてもてはやされた男たちに「同心（犯罪を取り締まる奉行所の役人）」がいます。彼らもカジュアルな着流しに、上品な黒羽織を帯に巻き込み…という見事な着こなしでした。

KING OF DRESS ITEM

スーツにも使用されるテーラードジャケットは、まさに「KING OF DRESS ITEM」。同心のごとくカジュアルな服にさっと羽織るだけでドレス感が一気に高まります。そんなわけで、ボトムスを揃えたら次はジャケットがあると便利。デザイン性の高いタイプの誘惑に負けずに、まずは「シンプル」な美しいジャケットを手に入れましょう。

1着目は「上品」＋「シンプル」

What is simple？

色は黒でツヤのあるものを。ウール製だけでなくレーヨン混の滑らかなポリエステル製も上品な印象になるのでおすすめです。

ふたがしまえるフラップタイプのポケットが無難。外側に布を張り付けたアウトポケットは少しカジュアルな印象になります。

着丈はおしりが半分隠れるくらいが○。丈部分のベント（切れ目）の種類はそこまでこだわらなくてもOK。仕付け糸は必ず切る。

そでは長いとルーズな印象に。手を下ろした際に手首の骨が少し隠れるくらい。少しタイトな方が合わせやすいです。

素材にも注目

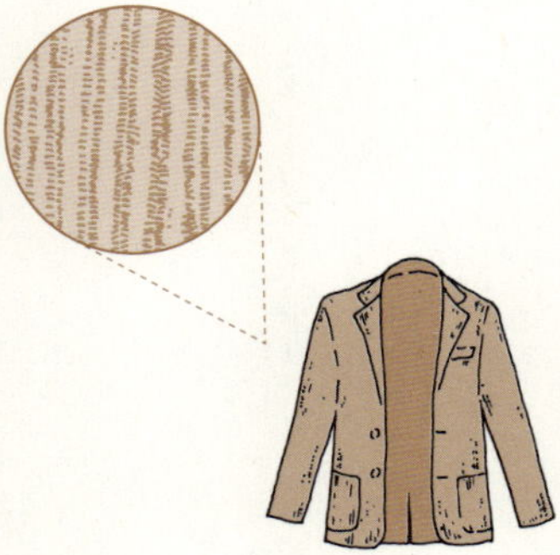

コーデュロイ・スウェットなどを生地としたものはカジュアルな印象になりがち。温かみのある感じを出したい場合や緊張感を抜きたい場合などには有効ですが、最初の1枚にはおすすめしません。

「ちょっと個性を…」に要注意

チェックなどの柄モノも見ていて非常に楽しいもの。ボタンが2列の「ダブル」も大人な感じ。しかし、焦りは禁物です。まずは着回しも着こなしも簡単なものを選ぶのが、おしゃれの近道なのです。

セットアップが1組あると超便利

毎朝、服に迷わなくなる

スーツのような同素材のジャケットとパンツの組み合わせをセットアップと呼びます。これが実は非常に便利。インナーとシューズを少しカジュアルに寄せるだけで、調度良い配分になり、コーデに迷う時間もかなり短縮されます。

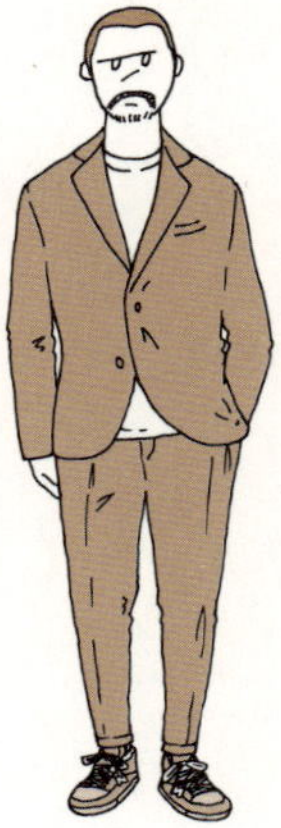

セットアップを選ぶポイント

サイズは少し詰める

袖・着丈・裾の長さを、いつものスーツより少し短くすると細身のシルエットが作りやすくなります。色は無地の黒がおすすめ。

シルエットで選ぶなら

スーツ量販店のコナカが展開する「スーツセレクト」の製品はシルエットが非常にきれいで、コスパも良好。一見の価値あり。

スーツのジャケットは?

「いつものスーツのジャケットじゃダメ?」という質問も多いのですが、初心者にはおすすめしません。特に量販店のモノはストレッチ性や耐久性などを重視するあまり、シルエットが野暮になりがち。スーツ屋さんでもいいのですが、オフ専用にオーダーして作ることをおすすめします。

Point!

テーラードジャケットは「ドレス感」においては最強。1枚目は極上のシンプルを手に入れましょう。

コート・ダウン

ロング・グッドバイ イズ グッドバイ

俺の名前は松田B作。しがない私立探偵だ。男なら一度は憧れるのが、ロングコートをワイルドに羽織り、颯爽と街を闊歩する姿だろう。間違いない。さて、探偵稼業も早2年、そろそろ俺もロングコートに挑戦する頃合か…。穴だらけの安いソファに勢いよく座り、ちょっとネットでグーグル検索。事件でもなんでも、成功の鍵は地道な下調べにある。すると、検索結果の中に「ロングは上級者向け」やら「胴長短足には無理」などのネガティブな情報が。馬鹿な連中だ。そんなデマには流されないぜ。…だが気になる。まだ早いのかな。おや？　外から戻ってきた猫が何かくわえている。…そこには筆跡がわからぬようにコラージュされた文字が並んでいた。「ロングコートは初心者にこそうってつけ」…。俺は「やれやれだぜ」と呟いて、すっかりしけた煙草に火を着けた…。

ロング丈のコートは意外にカンタン

初心者でもロングでまったく問題なし

実はロング丈は初心者や低身長に悩む人にこそ着てほしいアイテム。腰の位置を不明瞭にするため、胴長短足も隠しやすいのです。つまり「ロングは初心者や低身長には難しい説」は大嘘。迷信のもとはボトムスです。ロング丈はボリュームがあるため、ルーズなボトムスと合わせた途端、野暮な印象に。逆にスキニーなどの細いパンツを合わせることでシルエットは一気に整います。

ロング丈はドレス感も出しやすい

今では立派なドレスアイテムになったテーラードジャケット。その先祖にモーニングコートがあります。昔の欧米の貴族や議員の絵などによく描かれており、現在でも厳粛な祭礼で着用されます。内閣が発足した際の写真撮影でもお馴染みですね。そう、ロングコートは非常にドレスライクなイメージをもっておりジャケット同様に羽織るだけでさまになる便利なアイテムなのです。

気になるあのロングコート5選

ロングコートの選び方・合わせ方

トレンチコート

もとはイギリス軍が塹壕の中で着用した防水用コート。
ボタンがダブルで、ビジネスマンがよく着ていることから、
かっちりしたイメージが強いアイテム。なので、ワンサ
イズ上げてラフに着こなすのも○。色は定番のベージ
ュがドレッシーになり過ぎずおすすめ。

チェスターコート

ロングコートの代表格。羽織るだけでドレッシーな印
象になる便利アイテム。ですが首元が寂しくなりがち。
タートルネックやストールなどでボリュームをだすとシ
ルエットも整いしっくりきます。ストールは同色か黒に
すると、よりドレッシーな印象に。

ステンカラーコート

実は初心者におすすめの便利ア
イテム。チェスターと違い、大き
目の襟がついており、首元も寂し
くありません。また、シルエットも
かなりボリューミーでスキニーな
どの細いパンツを履くだけで簡単
にYラインが作れます。インナー
が隠れるので着回しも◎。

モッズコート

フードが付いている上に、高めの
部分までボタンがしめられるので
防寒性も高く、小顔効果もありま
す。もとは軍用でカジュアル色が
強いアイテム。なので、ツヤのあ
るニットや黒のスキニーなどドレ
ス寄りのアイテムと合わせます。
安っぽい素材のものに注意です。

ダッフルコート

大きく目立つトグルボタンやフー
ドなどにより、カジュアル要素が
強いアイテム。コツはロング丈で、
素材もペラペラのスウェット生地
などではなく上質なウール製を選
ぶこと。また、パンツも黒スキニ
ーや細みのスラックスなどドレス
ライクなものが○。

意外に難しいPコートの攻略法

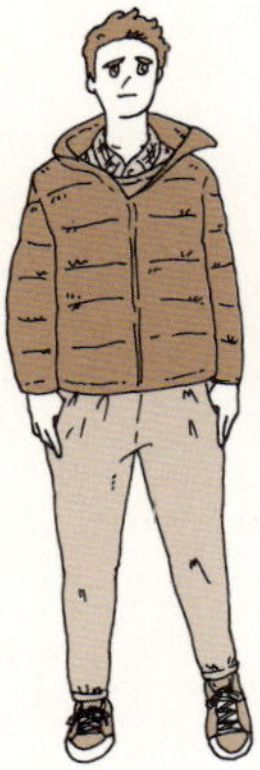

ショート丈のダウン

ロング丈のダウン

ダウンもロングで大人らしく

保温性にかけては絶対的王者のダウン。最近は技術の発展で、デザイン・シルエット・素材がスマートになったものが増えています。カナダグースのジャスパー、デサント・ユニクロのシームレスダウンなどが代表的。縫い目がまったく目立ちません。色と着丈は断然、黒のロングがおすすめ。スラックスなどのドレッシーなボトムスを合わせれば、防寒性もドレス感もあるコーデが完成します。

定番だけどコツがいるPコート

襟の立ちやすい硬めでツヤのあるウール素材。
ZIPなどの付いていない、シンプルなダブルブレスト。
源流はミディアムですが、初心者はショート丈が簡単でおすすめ。

流行もすっかり落ち着き、もはや定番のPコート。しかし、お陰様で素材やデザインが安っぽいものが増えました。ここでは合わせやすく上質なPコートの見極め方を紹介します。ちなみにイラストのモデルはATTACHMENTというブランドのもの。少々お高いですが長年使えます。

Point!

「ロング丈は初心者や低身長には難しい」は大嘘。
冬にとっておきを1枚買うならロングが断然おすすめです。

ブルゾン

バランスに配慮しないと、一気に老けます。

ブルゾンといえば、一昔前はジャンパーと呼ばれていました。人によっては羽織るものは、すべてジャンパーだった気がします。そんなブルゾンも、最近はコートに押され気味なのか、昔に比べて着用する人が減っている印象。おしゃれは人との差別化が大事なので、ある意味チャンスとも言えます。が、バランスにしっかり配慮しないと、なんだか時代を感じるコーデになりがちです。ここでは、そのようなタイムリープ（時間跳躍）をせずに済むようにブルゾンの合わせ方のポイントを解説します。…話は少しリープしますが、最近はミリタリージャケット流行のきっかけとなった『トップガン』や『タクシードライバー』のように、大衆のファッションにまで影響のある大作映画が減ってきているのかなぁ…、と思うのは、ちょっと年寄りじみた考え…かもしれません。

アイテムの起源とイメージに配慮する

漂うコレジャナイ感…

数年前から微妙な流行り具合のMA-1。今年は来る…と言われ続けて毎年どの店も並べてはいますが、大流行には至っていません。それどころか、いつの間にかモッズコートに先を越された感も。MA-1やM65、G-1などのミリタリージャケット、それを含むブルゾンは年齢を問わず男心をくすぐる渋いアイテム。しかし、ショップの店員さん曰く、試着する人は多くても、結局、買わない人が多いそうです。

アクティブ≒カジュアルなアイテム

MA-1や、それに似た形のスタジャン、スカジャン、ベトジャン、コーチジャケットなどのブルゾンは一昔前まではジャンパーと呼ばれていました。その多くはミリタリーやスポーツウェアを起源としたアクティブでカジュアルなもの。何気なく試着すると例の「コレジャナイ感」が漂ってしまうのです。と気づいてしまえば、あとは簡単。大原則に従って、ドレスアップをすれば大丈夫です。

ミリタリーの着こなしにはコツがいる

ミリタリージャケットの二大巨頭

ミリタリーと言えばMA-1とM65が定番。いずれも米軍が採用したジャケットです。

MA-1

米軍が開発したフライトジャケット。ZIPで閉まるフロント、短い着丈、低い首回りが特徴。素材はツヤのあるカーキのナイロン製が主流。デザインがシンプルで着回しやすいのですが、襟が低いためサマになりにくいのが難。

M65

米軍が開発したフィールドジャケット。ポケットが胸と裾の両側に計4つ付いたデザインが特徴。襟はやや高めのスタンドカラー。ポケットはフラップ付き。金具などのデザインがなく、シンプルで着まわしやすい。

MA-1は首元にボリュームを

弱点は寂しい首元。スヌードなどでボリュームを付けるとサマになります。インナーにタートルネックやシャツを着こむのも○。細身のパンツやスラックスでドレス感をプラス。

M65は袖と着丈に要注意

襟がありサマになりやすいM65。難点は中途半端な着丈と、だぼつきやすい袖。着丈はインナーをシャツにすればバランスも、ドレス感もUP。袖はまくると手首周りがすっきりして色気も出ます。

着回しが効くのは襟のあるブルゾン

スタジャンよりコーチジャケットのワケ

MA-1が大流行に至らない原因のひとつが「襟の低さ」でした。同じシルエットのスタジャンやスカジャンも、インナーやバランスに配慮しないと大人っぽい雰囲気は出しにくいアイテム。この2つはデザインがカジュアルなので尚更ですね。そこで同じような用途・デザインでも、コーチジャケットやベトジャンのように襟のあるものを選ぶとサマになりやすく、着回しも効きます。

ライダースの1着目はシングル

ブルゾンは基本的に襟付きが便利ですが、ライダースは別。初めて買うならダブルとシングル、どちらがいいか？という質問には、シングルを勧めています。ライダースのダブルは襟が大きく、デザイン的に少々過剰。シングルの方が着回しが効きます。金具は目立ちすぎないように、小ぶりでレザーと同色のものを選ぶと○。サイズも少々きつめがシルエットを作りやすいです。

Point!

ブルゾンはカジュアルアイテムであることを念頭に。
インナーや首元の処理に配慮してドレス感を維持しましょう。

セーター・カーディガン

ゲージが高いほど、輝きが増します。

20年くらい前まで、ゲームセンターは「危ない場所」でした。「ストリートファイター」をはじめとした格闘ゲーム全盛期。乱入してくる相手はヤンキーばかり。表情や声色を伺いながら「いい勝負」になるよう慎重に闘いました。単純だった格ゲーも3作目を超えると複雑になり、謎のゲージやタッグシステムに裏コマンドなど、素人では段々と手に負えなくなっていきました。今はもうゲーセンに通ってはいませんが、ごくまれに足を運ぶと、昔に比べて穏やかな雰囲気。それぞれが好きなゲームで仲の良い友達と楽しく遊んでいるのがよくわかります。ほかにも驚くのが映像やアーケード筐体の進化。セガなどは昔から、オモシロ筐体を作っていましたが…。さて進化と言えば、最近はアパレル製品も驚くべき進化を遂げています。そうです。その一端こそ、セーターの高品質化です。

高品質・低価格のニットが増えてきた

ざっくりチクチクも今は昔…

編み目がざっくりでカジュアル過ぎたり、すぐに毛玉ができたり、チクチクしてかゆかったり…。昔のセーターは高いお金を出さないと、あまり着心地の良いものは手に入りにくいものでした。もちろん、もらえるだけで心が暖まる手編みのセーターは、また別の話です。

進化し続ける素材と技術

「2000年後の人類と繊維」

最近のニット製品はかなり進化しています。質の良いウールを大量に仕入れ、形の綺麗なものを大量に生産できるようになりました。ツヤもあり保温性も高く、毛玉ができにくい、加えて肌触りも良く、価格も3000円台…。昔からすれば、夢のような世界が現実になっています。

ハイゲージのニットを狙え！

最初のセーターはハイゲージ1択

まずは保温性も高く、ツヤがあるハイゲージニットを。ローは編み目がざっくりしており、生地の凸凹が独特の風合いを生みます。

ネックはクルーであれば1枚から着やすいのでおすすめ。Vでも構いませんが、浅めが無難です。色は黒かグレーがおすすめ。

ニットは全体にリブが効いており、体型が出やすいもの。ロンTなどよりワンサイズ上げて丈を長めに確保するとごまかせます。

ハイゲージニットは着心地もよく、カットソーのように1枚でも着られるので1枚目にオススメ。ツヤ感がり、ロンTよりもドレスライクな印象に。もちろん、シャツの上に重ね着しても○。ローゲージは編み目が荒く、ややカジュアルな印象になりますが、凸凹の表情に味があります。モノトーンならばカジュアルになり過ぎないので、ハイゲージに飽きてきたら試してみて下さい。

主なウールの種類と特徴

カシミアウール

カシミア山羊から採った、希少な極細のウール。ニットに使われるものでは最高級とされています。保温性・着心地・ツヤ、いずれにおいても最高品質。

メリノウール

他の羊毛に比べ、細く柔らかでツヤのあるメリノ種のウール。ユニクロのエクストラファインメリノは丈夫で高品質・低価格。驚愕のコスパです。

ラムウール

生後1年以内の子羊から採ったウール。生後7ヶ月頃が最高級とされています。成長後に比べると細く柔らかでツヤがあり、値段も基本的には控えめ。

気取らない上品な肩掛けのコツ

実は便利な
タートルネック

首回りにボリュームを出すと視線がトップスに集中し、他の部分のボリュームが多少整っていなくても、なんとなく誤魔化せます。そこで手っ取り早いのがタートルネックやハイネック。また、スカーフを巻いているようにドレスライクな印象にも。首元の寂しくなりがちなチェスターやMA-1とも相性が良く、1枚あると大変便利です。

カーディガンの
使い方

A.
上品な肩掛け

温度調節に便利なカーディガン。気取らない肩掛けのコツは、巻かずに掛けるだけ。ラフでありながら上品なヌケ感を醸し出せます。

B.
腰巻きのコツ

定番の腰巻きですが、コツは腰ではなく腹に巻くこと。腰の位置が高く見え、体型隠しに。色はトップスと合わせると、より効果的。

Point!

ハイゲージのセーターは保温性も高い便利なドレスアイテム。
コスパ最強のユニクロのセーターは、大人買いも問題なし！

パーカー

よく立つグレーを探す。

温かみのある素材感にボリューミーなシルエット。寒い季節の多い日本人には、すっかり慣れ親しんだパーカー。私は基本的にアイテムやコーデはドレス寄りを勧めています。では、パーカーも少しドレス寄りにしてみます。素材をウールにしましょうか。シルエットをギュッと細身にしましょうか。…どちらもちょっと上級者向けの予感。…おや？　オシャレの理論を知っているあなたは、もうボトムスがドレスライクに整っているようです。（え？理論？という方は第1章へどうぞ。）フードがあるのでボリュームがありますね。重くならないよう色はグレーに。シルエットはYラインを目指した方がラクそう。通ってない学校、好きでもないキャラのロゴは外します。さあ、これにジャケットかコートを羽織ればバランスは超絶妙。どうやらパーカー選びの勘所はデザインと色にありそうです。

カジュアルアイテムこそ慎重に

パーカーでこなれ感をプラス

パーカーは一般的にはポケットやヒモなどのデザイン・ボリュームのあるシルエット・コットンを中心とした素材、すべてを考慮しても思いっきりカジュアルなアイテム。その分、ドレスライクなコーディネートに加えることで「こなれ感」が出せます。また、ほど良い形や素材のものを選ぶことで差別化を図ることもできます。

安くて良質なパーカーもあるけれど…

パーカーはオシャレな人から服に関心のない人まで多くの日本人が着ています。ゆえに製品も高値にはならず、ネットや量販店では1000円台で買えることも。安くても素晴らしい良品はあります。しかし、何も考えずに買うと形や素材が悪く、「なんだかなぁ…」で結局はタンスの肥やしになるパターンも多いのです。

パーカーの選び方にはコツが要る

パーカーの選び方と合わせ方

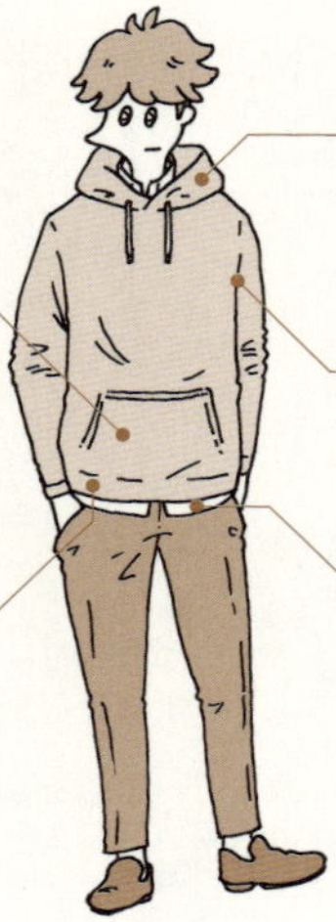

ロゴやデザインはシンプルに。ポケットも目立たないスリットタイプなどがおすすめ。

襟が高め＋フードも固めのものを。フードがよく立ち、小顔効果も期待できます。

アームホールが太かったり、袖先が余ったりするとルーズな印象になります。

裾と着丈はリブ（ゴム）が強すぎないもの。サイズもジャストではなくワンサイズ上げます。

インナーは白シャツ、ボトムスは黒スキニーやスラックスなどにして、バランスを取ります。

特に気をつけたいのは、視線が集中しやすい顔周りにあるフード部分。フードの生地が薄く、フニャフニャしていると、小顔効果もなくなり、どうにも安っぽく見えてしまいます。フードの位置も高い方が小顔に見えます。カジュアルアイテムなので、モノトーンのスキニーやテーパードの効いたスラックスなど、細身でドレッシーなボトムスを合わせましょう。

着回しやすいのはグレー

「パーカーはカジュアルだから黒がいいかな？」と思うかもしれませんが、パーカーはドレスライクなアウター・ボトムスとセットで使うことで効果的なアイテム。黒ずくめになりがちな秋冬を考慮すると、色は程良いカジュアル加減をプラスしてくれるグレーが便利。ZIP式のパーカーをアウターライクに使う場合は黒でも○。

春秋に便利なZIPパーカーも襟は高めに

ZIP式も基本は同じ

温度調節の難しい春や秋に大活躍のZIP式パーカー。開けてアウターライクに着用できるのがプルオーバー（かぶって着るタイプ）にはない魅力。これも中に白シャツを入れるなど、パーカーのカジュアル感を整える工夫を。

ニットのように腰巻きや肩掛けにも〇

腰巻きや肩掛けにしてもサマになります。セーターの項目でも紹介したように肩に乗せるように掛ける・腹に巻くように結ぶなどしてアクセントにもできます。ドレス寄りのコーデになっているはずなのでグレーか黒のパーカーならほど良いミックス感になります。

Point!

ドレスアイテムと組み合わせることで効果を発揮するパーカー。着回しやすいグレーなら秋から冬にかけて大活躍します。

シャツ

まっさらな白シャツ、かく語りき。

シャツというと、色々なデザインのものがあるので、どれを買えばいいのか、迷われる方が多いようです。そんなときは「スタンダードな白シャツ」をオススメしています。そうすると、「え？仕事帰りみたいになりませんか？」という答えが返ってくることも。大丈夫です。ネクタイが前提ではない、襟の小さめな白シャツが今ではたくさん売っています。詳しい選び方は、あとのページを読んでもらうとして…。私が白シャツをオススメする一番の理由は清潔感です。人に好かれたいなら、「清潔感」は大事です。純白のシャツの清潔感に勝るものはありません。「俺は清潔だ！なぜなら、風呂には1日3回入るし、手も泡石鹸で念入りに洗い、うがい薬も…」と語るより、あなたが1枚の美しい白シャツを着ているだけで、あなたの清潔感は誰も疑いません。万の言葉より、1枚の白シャツです。

「清潔感」の象徴的アイテム

すべてのシャツはローマに通じる？

シャツの原型は古代ローマで着用されていた衣服「トゥニカ」にあるとされています。途中、下着としての役目も果たすようになりましたが、現在ではご存知のようにインナーだけでなくアウターライクにも用いられています。その種類も多岐に渡り、さまざまなデザインのシャツがあります。

清潔感は純白のシャツに語らせる

数あるシャツの中でも、男性に必須なのはスタンダードなレギュラーカラーの白い長袖シャツ。シワや汚れのない美しい白シャツはまさに清潔感の象徴。こればかりはジャケットやハットでもかないません。女性はゴキブリや不潔な爪など、不衛生なものを本能的に嫌います。好かれる以前の問題で清潔感は最低条件なのです。

必須なのは白ツヤのあるブロードシャツ

スタンダードな白シャツの選び方

襟は大きすぎないレギュラーカラー。張りがあり、襟が立ちやすいものを。

ポケットはない方がドレスライクですが、そこまでこだわる必要はありません。

アームホールは太いとルーズな印象に。袖は下ろしたときに手首の骨を少し超えるくらい。

素材はツヤのあるブロード。丈はおしりが半分隠れるくらい。

MBのおすすめは無印良品の「洗いざらしブロードシャツ」。上記のすべてが揃っている不朽の名作。3000円以下で買える白シャツの中では質もデザインも最高クラス。正式には公表されていないので、ハッキリとは言えませんが、日本を代表する某有名デザイナーが監修を手掛けたとされています。ちなみに、白シャツの襟の汚れは石鹸による予洗いが効果的です。お試しあれ。

素材に味のあるボタンダウン

日本では、襟をボタンでとめられる「ボタンダウン」がかなり普及しています。こちらはレギュラーカラーに比べると、ややカジュアルな印象。素材がオックスフォードと呼ばれる目の粗いコットンである場合も多く、少しキメすぎかな？という場合や、ツヤのあるセーターのインナーなどに有効です。

ポロシャツの肝は襟にあり

シャツより「ややカジュアル」なポロシャツ

もともとスポーツ用に開発されたポロシャツ。ポイントとなるのは襟。なるべく固めで襟が立ちやすいものを選びます。襟は一度立て、揉むように軽く曲げて調節。立て過ぎは禁物です。素材はコットンでもツヤのあるものを。色はモノかダークトーンで上品に。

クールビズ用のポロシャツの選び方

台襟とは…?

台襟あり

すっかり定着したクールビズ。ポロシャツで通う方も多いようですが、きちんと選ばないと野暮ったくなります。実はポロシャツは「台襟（第1ボタンに沿ったバンド上の部分）」の有無で大きく印象が変わります。これがあると襟が綺麗に立ち上がり、ドレスライクな印象になるのです。

Point!

汚れやシワのない白シャツは清潔感の象徴。
スタンダードなブロードシャツは超必須アイテムです。

カットソー

ピカソも愛した、便利な一枚。

おしゃれという概念から考えると、基本的にTシャツは無地が一番。柄が入れば入るほどカジュアルに、子供っぽくなります。なので、季節の変わり目などは意気揚々と、ツヤのある無地Tシャツでドレス感をきっちりキープした着こなしをするのですが、夏の真っ盛りになると、だんだん飽きてきます。もともと、私はアメカジが好きだったので若いころにはヴィンテージ感のあるミッキーマウスのTシャツなどもよく着ていました。さすがに今は「ああ、ミッキーを着たい…」とはなりませんが、やはり柄物が欲しくなります。そこで便利なのがボーダーや、幾何学模様などの抽象的な柄物。これくらいならば、上品に着こなせます。先に中級者向けの話をしましたが、まずは基本の話をします。といっても、カットソーの基本的な合わせ方はいまだに誤解されているのですが…。

カットソーはラフに着こなせ！…の罠

その ルールは本当に客観的か？

現代に至っても「Tシャツはジーンズやスニーカーと合わせてラフに着こなす」といった、お決まりフレーズが雑誌などを中心に蔓延しています。しかし、このような言葉はアメカジを盛り上げようとした一昔前の雑誌編集者やメーカー・ショップが商品PRのために作ったキャッチコピー。客観的に見て適切とは言い難いものです。

適切な理論やルールを身につける

大原則を思い返してください。冷静に日本人の特徴を考えれば、Tシャツに合わせるべきはドレス寄りのボトムスです。これもまた不自由な縛りのように思えますが、違います。音楽でも、美しいコード進行を知れば、あえて外す楽しさがわかります。適切な理論やルールを身につけることは、自由を楽しむための第一歩なのです。

Tシャツ選びは先端に注意

スタンダードな白Tシャツの選び方

袖は細めの方が男性的
な印象に。細くまくっ
ても○。
襟ぐり（バインダー）は
細めで目立たない方が
ドレスライク。
丈で腰位置を隠すと足
の長さを誤魔化せます。
ラウンド型だと効果的。
ツヤのある白の無地。
ポケットや柄があると
カジュアルな印象に。

クルーとVのはざまで…

ネックはクルーとVが主流ですが、お好みで構いません。流行も振り子のように交互しています。Vネックは深すぎるとホストのようになるので、浅めが○。迷うようならクルーを選ぶのが無難です。

攻守最強のボートネック

良いところどりのヘンリーだけど…

ヘンリーネックはボタンを上までとめればクルーに、開ければVネックのようになります。シャツのようにも見え、やや大人っぽい印象になるカットソー。ただし、日本では色の切り替えがあったり、スラブ素材を使っていたりとカジュアルなものが多数流通。選ぶならツヤのある白か黒で、デザインのシンプルなものを。

ピカソも愛用したボートネック

カットソーにおいて攻守最強と言えるのがバスクシャツとも呼ばれるボートネック。あのピカソも愛用したカットソーです。首元が船のように開いており、上品な色気を出せます。適度な厚みと身幅があるのでシャツの上にも着られる便利アイテム。ボーダーのものを選ぶ場合は、線が細めのものを選ぶと子供っぽくなりません。

Point!

Tシャツはドレスライクなアイテムと合わせて大人っぽく。
年中使えるボートネックは要チェックアイテムです。

マフラー・ストール・スカーフ

ピースよりも、幸せになる？

写真を撮る際に、顔の近くでピースをすると小顔に見えるという視覚効果があります。昔の人がこれを目的にやりはじめたわけではないでしょうが、面積のある「手」を顔の近くに持ってくると、顔が小さく、体型もバランス良く見えるのです。この効果を知った女子中高生は様々なテクニックを編み出してきました。例えば、虫歯ポーズ。片方の頬に手を当てることで、小顔効果に加えて輪郭隠しの効果が得られます。しかし、男子たるもの、いちいち虫歯ポーズなんてやっていられません（そういえば一時期、ZOZOTOWNのモデルのポーズが、みんな首を傾げ、手を添えているということで「ZOZO立ち」などと呼ばれていましたが…）。ですが安心してください。我々のような日本男児にも、秋冬にはマフラー・ストール、春夏にはスカーフという、最強の「ピース」があるのです。

小顔効果が抜群の大判ストール

トリックファッション美術館へようこそ

Q. どっちが小顔?

こんにちは。本館の案内人、MBです。左右の猫ちゃんは同一の個体ですが、右の方の猫ちゃんは食パンから顔を飛び出しています。いかがでしょうか。右の猫ちゃんの方が小顔に見えるはずです。これは顔周りにボリュームを出すことで得られる視覚効果です。耳が引っ掛かっているので、より小顔に見えますね(笑)。

ストールはレディースがコスパ最高

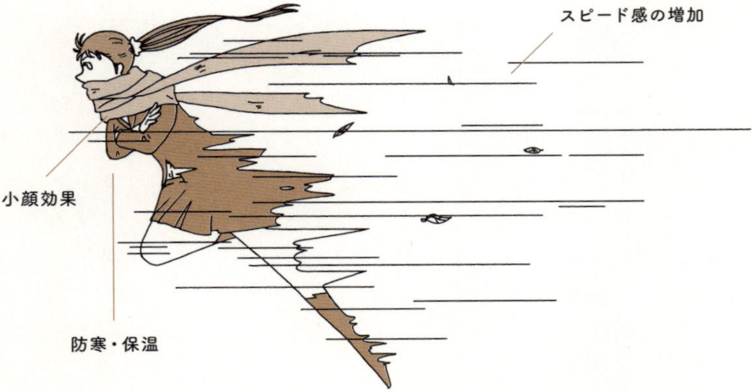

小顔効果を得たいならば、一辺が150cm〜200cm程度ある大判のストールやマフラーを使用するのがコツ。また、レディースの方が、安く質の高いものが手に入ります。無地や抽象的な柄なら男女関係ないのでオススメです。ちなみに昔の漫画にマフラーをしているキャラが多いのはスピード感を出しやすいためという説が濃厚なのだとか…。

夏のスカーフは一石二鳥

首の巻き物で
ドレスライクな印象に

首にツヤのある布が巻かれていると上品でドレッシーな印象になります。これはスチュワーデス・受付嬢のスカーフや、パーティースタイルの際に巻かれるアスコットタイを思い返していただけるとイメージしやすいでしょう。

上品でドレスライクな印象に

夏にモノトーンのカットソーや白シャツばかりで少し飽きてきた場合にはスカーフもオススメ。襟の汚れるのも防げます。色は黒やダークトーンで1色のものならば悪目立ちしません。素材はツヤのあるシルクライクなものが○。半分に折って三角にして、くるくる巻き、襟下に交差させて置くだけで大丈夫です。

ストールは巻き方でも遊べる

ストールの巻き方

A. ネクタイ風

ボリュームがあり口元まで隠せるので輪郭隠しにも○。ジャケットなしのニットのみのスタイルにもよく合います。　**手順：**1. ぐるりとストールをひと巻き。両端を同じ長さにして前に垂らします。2. 前に垂らした両端を片方ずつ、輪の中に入れます。3. 形を整える。

B. イタリア風

雑でラフな見え方ですが、学生ライクな巻き方ではないので、ジャケットなどにも違和感なく使えます。　**手順：**1. ぐるりとストールを一巻き。両端を同じ長さにして前に垂らす。2. 輪の中から垂れている片方を引っ張り、輪をつくる。3. 輪の中にもう片方を通す。4. 形を整える。

肩掛けのみも色気アリ

ロングコートによく似合うのが、巻かずに肩に掛けるだけのスタイル。いつものアウターに飽きてきたらストールですっぽり隠すのもアリ。襟を立て、ストールをコートの中に入れてレイヤード的に見せるのもほど良いラフさが醸し出せます。

Point!

ストールやスカーフはおいしい効果も盛り沢山。地味やシンプルになりがちな季節にあると超便利です。

アクセサリー

文化的で、最低限度の装飾を。

料理に例えると、トップスは「具」、ボトムスは「出汁」、アクセサリーやバッグなどの小物は「調味料」です。使わなくても済むけど、入れると簡単に美味しさが増すものです。「味の素」みたいなものですね。しかし、万能調味料である「味の素」も沢山使えば妙にケミカルな味付けに。化学調味料の風合いが増してしまい、「自然さ」が損なわれます。小物も同じです。使いすぎてあれやこれやと詰め込んでしまうと「自然さ」が損なわれます。例えばシルバーアクセサリーの着けすぎや、単品で大きく目立つ原宿で大ブームの「動物リュック」などが失敗例。あくまで自然になるように、シンプルなデザインの物を、可能な限り「さりげなく身につける」のがコツです。加えて、「〜からもらった」とか「〜に使える」など、物自体にストーリーや実用性があれば言うことなしです。

男性のアクセサリーは不自然

アクセサリー＝メッセージ？

まず前提として、現代日本において男性のアクセサリーは不自然なものです。装飾には本人の意思に関わらず、メッセージが伴います。特に、生活において本来は不要であるアクセサリーやタトューなどには自己の権威・力・主張を顕示する働きが生じます。近代までは、そういった装飾による主張は、ある意味で自然なことでした。

装飾から生じてしまう違和感

しかし、現代においてアクセサリーなどの装飾は無用です。自分自身の主張や立場は、基本的に行動や言葉によって表現するのが普通になりました。輝くネックレスやブレスを見せびらかすのは不自然で「違和感」のある行為なのです。そのため、アクセサリーによる装飾のサジ加減というのは非常に難しいのです。

シンプルで思い入れを感じるものを

キーワードは「シンプル」

どうしてもアクセサリーを付けたい場合は「シンプル」なものをオススメしています。素材はいかにもなメタリックではなく、ウッド調やアンティーク加工を施したものを。ブレスも余計な装飾のない、深みのある黒のレザーを使用したものなど。どこか温かみやルーツを感じる、アンティーク感のあるものが良いでしょう。

ネックレスも素材に注意

ネックレスを付ける場合も他と同様で、素材をレザー調やビーズなどのギラギラしていないものにすることがコツです。また、時計のように実用性のあるアクセサリーは違和感がありません。他にもクロシェットというキーホルダーやコインケースにもなるネックレスは、レザー調が多く、多少の実用性もあり、付けやすいアイテムです。

寂しくなりがちな夏の手首に「＋1」

夏の印象を左右するブレスレット

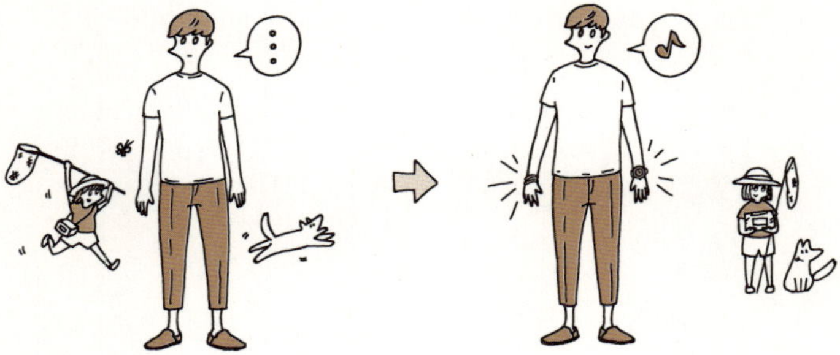

初心者の方には、基本的にアクセサリーをオススメしていないのですが、夏だけは別。視線の集中する先端部分のひとつ、「手首」を露出する機会が多い夏。ここに何もないと非常に寂しい印象。鏡を見ると一目瞭然ですが、ここにシンプルなブレスを巻くだけで、途端に印象はまとまります。

おすすめの3アイテム

Wakamiのブレス

7本セットで5000円以内のシンプルなブレス。好みのものを2～3本組み合わせて使用可能。ナチュラルな素材で、カラーリングも派手すぎず、悪目立ちしません。

100均のヘアゴム

コスパ最強はこれ。黒など目立たない色の、太すぎないものを選びます。予想以上に印象が変わるはずです。一度でいいので、まずは試してみて下さい。

コンチョ付きヘアゴム

いくら良くても100均のヘアゴムではちょっと…という人には、コンチョ付きのヘアゴムがオススメです。デザインはシンプルなものを選びましょう。

Point!

**アクセサリーは「やりすぎ」NG！
シンプルなものを厳選して効果的に。**

腕時計

男性に許された、唯一、「自然な」装飾品。

時間を尋ねられて、スッと腕時計を見て答える。何気なくも結構カッコいい光景。最近は高級腕時計にステータスを感じない、賢い人たちが増えました。まったく付けない人たちも多いです。それはそれで問題ないのですが、少しもったいないとも思います。時計は男性が唯一、自然に付けられるアクセサリーだからです。高級でなくても、シンプルなレザーベルトの時計や、無骨なミリタリーウォッチが巻かれているだけで印象は違います。ただ、時計を付けていると面倒なのが30代頃から現れる時計マニア。彼らの感想や意見はどうでもいいのですが、絡まれた際にかわす術は心得ておきたいもの。簡単です。ある程度、デザインに関する背景やストーリーを話せればいいのです。安物を付けていても、そこが話せれば、意外にすんなり引いてくれます。…まあ、彼らのことはどうでもいいんですけど。

見なくても身につけたい装飾品

スマホで済ましちゃもったいない

はっきり言うと、もはやスマホや携帯の方が時間は正確です。ただ、手首は視線が集中する先端部分。ファッション的な「おしゃれ」を考慮に入れた場合、腕時計をつけないのは非常に不利。たとえ結局はスマホで時間を見るとしても、とりあえず身につけるべき必須アイテムなのです。

主なムーブメント（動力）は2種類

A.クォーツ式

電池が動力源の時計。精度も非常に高く、手入れも簡単。電池切れか故障でなければ止まることはありません。よほどこだわりたい人でなければ、これでまったく問題なし。ところで、一説によるとドラえもんって昔は原子力で動いていたそうですね。

B.機械式

ゼンマイ仕掛けの時計。電池は不要で、腕の振りで動く「自動巻き」と、自分でネジを巻く「手巻き」があります。放っておくと止まり、手入れも不便。しかし、上品な見た目のものが多く、手の掛かる不便さも含めてクォーツ式とはまた別の愛着が湧いてきます。

A

B

説得力を感じるものが○

ミリタリーウォッチの美しさ

時計は高級品を買う必要はありません。安価でも美しいデザインのものは多くあります。例えばミリタリーウォッチです。任務を達成するために適した機構を備え、使いやすいフォルムとなっています。視認性・操作性が高く、嘘のないデザインは美しく、説得力があります。ベルトは丈夫なナイロン製が多いですが、レザーに替えると上品さが増します。

チープカシオの合わせ方

ミリタリーのように無骨な時計はドレス寄りのスタイルに合います。コーデのバランスに一役買うわけです。今や定番のチープカシオの合わせ方も同じです。チープカシオはレトロフューチャーとノームコアという2つの流行のミックスアイテム。ドレッシーなコーデと組み合わせることで、「今っぽさ」と「リラックス感（ヌケ感）」を出せるのです。

コスパ良好のクラシックな腕時計たち

1〜3万円台のおすすめブランド

ここではビジネスの場にも馴染む、クラシックな見た目の良品を扱うブランドをご紹介。いずれも安価ながら、大人が身につけても違和感のない上品な外見のアイテムが揃っています。

B

A

C

A. Daniel Wellington

多数の芸能人が愛用していることから一気に火のついたDW。オススメは36 mmのローズ。ブラウンのレザーベルトならば値段以上の雰囲気を醸し出せます。

B. FHB

クォーツ式時計ですが、1960年代にスイスで産み出された機械式時計用のデザインを使用しています。こちらも価格以上の高級感がある逸品揃いです。

C. Knot

時計と本体を選択して5000通り以上の組み合わせが実現できるオーダー式時計。日本製かつ風防にサファイアガラスを使用した本格時計が1万円台から作れます。

Point!

腕時計は印象が一気にまとまる自然なアクセサリー。安価の良品も多数あるので要チェックです。

帽子

ドレスとカジュアルの司令塔

外国人と日本人の違いのひとつに、「仕事スイッチ」があるそうです。どういうことでしょう。外国の駅員さんなどの多くは仕事中でもプライベートでも、たたずまいや言動に大きな変化はないそうです。対して日本人は制服に着替えたり、出社した途端、人格を変えてしまう人が多いのだとか。言われてみれば、そんな気もします。たしかに、日本人は服装もメリハリをつけたがります。欧米のようにドレス・ワーク・スポーツ…さまざま種類の服をミックスする術をまだ身に付けられていません。カジュアルな印象のアイテムを見れば、カジュアルなコーデと考えがち。ただ、これはちょっと使えそうです。例えばドレッシーなアイテムをひとつ持てば、その印象を強く受け取ります。特に、それが視線の集中する部分…、更に顔周りにあるもの…。そう、例えば「帽子」ならば尚更…。

帽子で印象は大きく変わる

帽子でドレス度を調節

人の視線は先端部分に集中します。特に顔周りである頭頂部は、印象を大きく左右する部分。全身がドレッシーなコーデでも、帽子にニット帽などをかぶれば、一気にリラックス感がでます。逆も然りで、カジュアルコーデにハットなどをかぶると一気に上品な雰囲気になるものです。

予想以上に上品な寅さんの帽子

2013年、あるブランドが、映画『男はつらいよ』の寅さんをテーマにしたコレクションを発表しました。実は寅さん、現代的には厳しいですが、結構バランスのいいコーデをしています。ジャケットはチェック柄ながら、品のあるダブル仕立て。ダボシャツと腹巻、足元の雪駄がカジュアルなのは、ご愛嬌。しかし、注目すべきはスウェード素材の上品なハット。寅さん、思っていた以上におしゃれさんです。

ベレー帽には小顔効果もアリ

主なキャップの特徴と合わせ方

ニットキャップ

カジュアルアイテム。ロングコートなどのドレス寄りなアイテムと相性◯。少し浅めにかぶりましょう。

ベースボールキャップ

ドの付くカジュアルアイテム。なるべくシンプルなものをセットアップなどに合わせると程良いバランスに。

ベレー帽

ドレスとカジュアルの中間アイテム。ボリュームがあるので小顔効果も。ななめに浅くかぶるのがコツ。

ハット

ドレスライクなアイテム。カジュアルなコーデに合わせると一気にドレッシーに。素材はウール調のものを。

憧れの麦わら帽子ですが…

夏と言えば麦わら帽子ですが、これをおしゃれにかぶるのは至難の業。というのも、すっかりカジュアルなイメージが強く、素材も「麦わら」というドレスとはかけ離れたもの。雰囲気を楽しむものとしてかぶるのはOKですが、おしゃれのために使うのは諦めた方が賢明です。

ハットで一気にドレスライクに

旅行にも
オススメなハット

着用できるアイテムが限られる夏はコーデがカジュアルになりがち。そこで便利なのが黒ハットです。移動中の快適さ重視で「ドレスになんか寄ってらいられない！」という旅行中でも、これひとつかぶっていれば、なんとなくおしゃれな雰囲気にまとまります。日よけにもなるので不自然な印象にもなりません。

ツバの形状で調整可能

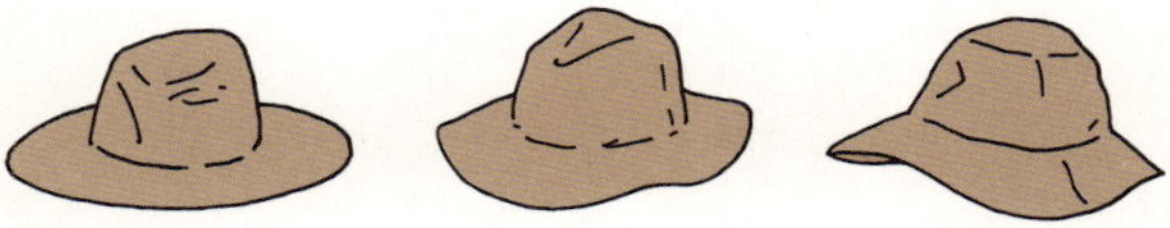

ドレスライク　　中間　　カジュアル

ハットはどうにもキメすぎで苦手、という人はツバの形状で調整するのもオススメです。ツバがまっすぐなものではなく、少し波打っているものを選ぶと、ややカジュアルに。ツバが全体的に落ち気味のものは更にラフな印象になります。ぜひ試してみて下さい。

Point!

帽子は印象を激変させる司令塔的アイテム。
夏の黒ハットは旅行にもオススメです。

眼鏡・サングラス

違和感の正体は…？

週刊誌などで、大きめのサングラスをかけた芸能人カップルが報道されたりしますよね。あれって、ばれないようにしているつもりなのかもしれませんが、絶対に逆効果ですよね…。例えば、眼鏡を掛けている有名人や芸能人を思い浮かべて下さい。そのうちのほとんどは、眼鏡を外したら道端で会っても気づかないでしょう。逆に、普段は眼鏡を掛けていない人が掛けている場合は結構ばれます。これは、その人のイケメン感や雰囲気を、隠すどころかプラスしてしまっていることが多いからです。そんな便利なアイウェアですが、ちょっと試してみても「あんまり似合わないかも…？」「なんか違和感が…」と思ってあきらめてしまう人が多いようです。これは鏡を見た際に、普段と見慣れない自分に戸惑うからです。ですが、この違和感は解消できます。コツはフレームの色と形にあるのです。

眼鏡は顔の印象をプラスに変える

マンガではお約束ですが…

いつもブ厚い眼鏡をかけて本ばかり読んでいる地味な女の子。でも眼鏡を取ると、あら不思議！美少女ではありませんか…ドキドキ…！的な展開はマンガではよくある光景です。確かにレンズの技術がまだ発達していなかった頃ならば、たまにありました。

ちょっと嬉しい？ 意外な現実

実は眼鏡を掛けていた方が、イケメン度が上がることは多いです。眼鏡を掛けることでアイテム自体に目が行くからです。更に輪郭・目の大きさや距離・眉の形を誤魔化せます。あなたの周りにもいませんか？あれ？こいつイケメンだと思ってたけど、眼鏡を取ると、なんかアレだな…という人。

まずは馴染みやすい色と形を

違和感の少ない合わせやすい眼鏡

眉頭（内側の先端）あたりがフレームと重なると自然になります。眉とフレームが離れるほどひょうきんな印象になってしまいます。

日本人の肌に近いブラウンやベージュを選ぶと違和感が少なめ。黒縁にしたいなら下部にフレームのないタイプが合わせやすいです。

フレームの太さは5 mmくらいが印象もほど良く変わります。形は適度に丸みのあるスクエアやウェリントンだと上品な雰囲気に。

眼鏡も単体の格好よさに注意

シューズもそうですが、眼鏡も単体での格好よさに惑わされがち。眼鏡屋さんで個性的なフレームを発見⇒カッコいい！⇒勢いで購入！⇒家で掛けてみると「あら？」…というパターンはかなり多いです。きちんと鏡で確認し、客観的に判断して買いましょう。

こちらの通販も進化中

眼鏡の通販も色々と試行錯誤しているようです。多種多様な眼鏡を取り揃えるオンラインストアも増えています。お試しで5本送ってもらい、気に入ったもの以外は無料で返品できるといったサービスも。これならば自宅でゆっくり選べそうですね。

サングラス選びのポイントは眉毛

眉は
なるべく出さぬが吉

サングラス選びで重要なのは眉毛がすっぽり隠れること。眉毛がサングラスから飛び出ていると、なんだかひょうきんな雰囲気になります。眉が隠れていると、見る側は理想の形を勝手に想像します。また、レンズやフレームの色も眼鏡同様にブラウンやベージュに近いと違和感が少なくなります。

眉と目の位置が近い
西洋人

西洋人は眉と目の位置が近いです。そういえば、ジョン・レノンは丸形サングラスを掛けているイメージが強いですが、あれだけ小さなフレームでも、写真を見るとしっかり眉が隠れていますね。サングラスも眼鏡同様、眉の隠れやすい適度な大きさのスクエアやウェリントンがオススメです。

Point!

眼鏡やサングラスは雰囲気イケメンになれる便利アイテム。
フレームの色や形に配慮して馴染みやすい1本を選びましょう。

バッグ

調整役は、背後のバッグにお任せあれ。

男性と比べると、女性の方がおしゃれに気をつかう人が多いというのは、なんとなく想像がつきますね。流通量が多くなると、物の値段は低くなります。レディースの服や小物の値段の方が、メンズに比べて安いわけです。そうなると、ユニクロなどの大量生産を行うメーカーでは顕著なのですが、同じようなアイテム・値段でもレディースの方が高品質だったりするのです。おしゃれな人がレディースものを買う理由のひとつがコレ。とすれば、メンズは高いお金を払わないと良いものが買えないのでしょうか。いえいえ、これはレディースに比べるとの話。今は価格破壊が進み、メンズのコスパもかなり良くなりました。特にバッグは、以前だと良品は高価格ばかりでしたが、最近は安価で高級品並みの外見や品質のモノが増えています。しかもバッグというものは、予想以上に便利な調整役なのです。

カジュアルなバッグもレザー調で上品に

意外と目立つポケットの膨らみ

ポケットに物を入れ過ぎてパンパンになっている人をよく見かけます。あれって本人が思っている以上に目立つものです。今の世の中、携帯電話やスマホはもちろん、鍵や財布、iPadやバッテリーなど、持ち歩くものは意外に増えています。ここはやはりカバンを持つのが吉。便利な上に、印象や雰囲気も変えてくれます。

トートはレザーが狙い目

一時期、あまり見かけなくなってしまったトートバッグ。最近は少しずつ人気を取り戻し、フェイクレザーでも質が高く、1万円以下で買える良品が増えてきました。デザインは極力シンプルなものを。

ショルダーは横長が○

ショルダーバッグはシルエットが崩れやすいのが難点ですが、手に持たずに済み、取り出しも人気アイテム。縦長だと学生っぽくなるので横長が良いでしょう。オススメは黒レザー調。

リュックでボリュームや視線を調整

調整役として便利なリュック

リュックは手に持たずに済み、シルエットも崩さない上に、視線も調整できる万能アイテム。Yラインを作りたいけどメリハリが足りないかな？というときに背負うと視線が上半身に集中するので、なんとなくボリューミーに見えます。また、ロングコートとの相性も抜群。丈が中途半端だな、という時にもシルエットの印象を調整してくれます。

プチプラでもシンプルなら上品に

リュックはカジュアルアイテムなので、まずは黒を。GUのフラップ型や無印のサイドファスナーリュックは格安ですがシンプルなデザインで、アパレルに携わっている人間にも愛用者が多い名作です。

ワンショルダーで「こなれ感」

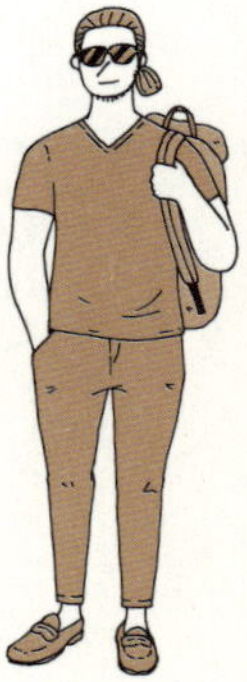

両肩のストラップが少し目立つのがリュックの難点。気になるという人はワンショルダーのように片側だけで背負うと気になりません。こなれたラフ感も出るので是非試してみて下さい。

流行を取り入れやすいクラッチ

帰ってきた
クラッチバッグ

バブルのころに流行ったセカンドバッグですが、最近はクラッチバッグとしてブームとなり、定番になりつつあります。ただ、流行というのは微妙にデザインやシルエットを変えて復活するもの。昔のものを引っ張ってくると結構な確率でばれます。

シンプルもよし、
総柄もよし

クラッチの良いところは、身体から切り離されており、コーデの邪魔にならないこと。多少、派手な柄や素材でも、カジュアルになり過ぎません。流行の素材や柄を少しだけ取り入れたいときなどに有効です。黒のレザーなどならば、より上品になります。

Point!

シルエットを誤魔化せるリュックは安価でも良品アリ。
調整役やスパイスとしてのバッグを有効利用しましょう。

COLUMN 2

「年相応」は、考えなくていい

最初に断言します。洋服に、とりわけメンズファッションに、「年相応」なんて関係ありません。

「50代なのですが、○○に買い物に行っても良いのでしょうか？」

「年相応じゃない店に行くと店員さんの目が気になってしょうがありません。」

こんな質問や意見をメルマガやブログの読者の方からもらうことがあります。確かに、多くのショップはマーケティング論に従って、自分たちが設定した「ターゲット層」にあてはまる客に向けた内外装、商品開発と広告展開を行っています。

しかし、いくらマーケティングを丁寧に実践していても、ショッピングモールなどに出店しているお店であれば実に様々な客層が来店します。

私は10代向けのショップの運営マネジメントなども手掛けていました。10代向けですが、50代60代のお客様が来店されることもあれば、お買い上げも普通にありました。もちろん数は少ないですが、それに対して店員が気にとめることはありません。「客なのだから」と、堂々と入店してやれば良いのです。更に言えば、ファッション業界では、自社が定めるターゲット層よりも、実際の購入客層の年代の方が、やや高くなる傾向が強いのです。

30代を過ぎると「年相応」という言葉に少しずつ敏感になり、40代になるとそれが毒のようにじわりと効いてきます。「自分が、こんなに若作りしていいのだろうか」「自分がおしゃれなんかしていいのだろうか」など自問自答を繰り返し、結局おしゃれをやめてしまったりします。それは、どんなにもったいないことか。

10～20代向けのブランドの商品を

40代のオジサマが着ても悪いわけがありません。無地のカットソーに年相応もクソもありません。ブランドのネームタグが偶然違うだけです。ネームタグが某百貨店のものだったら抵抗なく買えるはずです。「年相応」の感覚なんてそんなものです。どうしても気になるならタグを切り取ってしまえばいいのです。トレンドライクなデザインや、派手な配色などであれば別ですが、シンプルなものであれば全く問題ありません。

「年相応」など気にしなくて良いのです。そして「おしゃれ」はとても簡単に「自信」につながるものです。おしゃれをして街に出れば、自然と歩く時に背筋が伸びます。人と会話をする時にも、明るく堂々と話せます。中身を磨くことよりも簡単で、すぐに実践できるものです。

そんな簡単で素晴らしい「おしゃれ」を「年相応」で諦めるのは、本当にもったいない。気にせず、ガンガン楽しめば良いのです。

おしゃれは「たかが洋服」の話です。しかし、日常生活でのわずかなプラスを、簡単に与えてくれるものなのです。

「年相応」など考えず、自分の気に入ったおしゃれな店で、好きな服を買いましょう。

CHAP.

3

ファッションの教科書

おしゃれになるための
クセをつける

ショップ

「そんな装備」で、大丈夫です。

おしゃれになる秘訣は、なんと言っても「本当におしゃれなものに接すること」。買う必要はありません。試着するだけで結構です。そして、その時に得た知識や、着たときの感覚を焼き付け、それに似た「なるべく劣化していないコピー」を探せばいいのです。では、その本物はどこにあるのか。代表的なのは新宿の伊勢丹です。気おくれする必要はありません。高級ブランドの店員でも、私服の時はファストファッションの製品を着ていたりするのです。どうしても気になるのなら、まずはユニクロに行ってスタンダードな服を揃えましょう。もちろん、ユニクロだけでもおしゃれになれます。しかし、一度でも極上とされる服の着心地を体験すれば、あなたの物を見る目は2段も3段も跳ね上がります。高値の高級品に触れることで、低価格でも高品質の服を選べるようになるのです。

低価格・高品質の名作たち

試着しやすいファストファッション

まずは商品を見ていても店員さんが寄ってこないユニクロや無印などで装備を整えましょう。先述したように、ここだけでおしゃれになることは可能です。しかも、プロの目も欺くようなパッと見は高級品だったり、大量生産による高品質アイテムも多いのです。

プチプラの名作たち

こちらに並んでいるのは、いずれも5000円以下ながら外見・品質ともに文句なしの名作ばかりです。

◎トップス

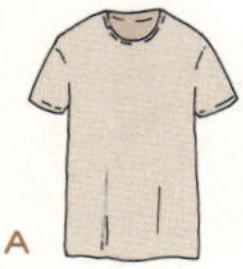

A

B

C

A. スーピマコットンフライスクルーネック（ユニクロ） B. エクストラファインメリノセーター（ユニクロ） C. オーガニックコットン洗いざらしブロードシャツ（無印）

◎ボトムス

D

E

D. ドライストレッチスウェットパンツ（ユニクロ） E. ミラクルエアースキニーフィットジーンズ（ユニクロ）

◎グッズ

F

G

F. サイドファスナーポケット付ポリエステルリュックサック（無印） G. スリッポンスニーカー（無印）

高級百貨店で審美眼を磨く

そして伊勢丹へ…

新宿の伊勢丹には、いわゆる「ハイブランド」という、世界でも最先端のブランドが集まります。このハイブランドが打ち出した商品のコピーが各ブランドで作られていくわけです。もちろん、ブランドによって、その品質やディテールは少しずつ変わっていきますが…。

買わなくてもOK！

気になったものはどんどん試着してみましょう。質の良いものに腕を通し、鏡を見るだけで、あなたの審美眼は磨かれていきます。買わなくても大丈夫。伊勢丹には、最高級品が勢揃い。「他のも見てみたいので…」と言って逃げればいいのです。

覚えておくと便利な呪文

「次はどんなものが入ってきますか？」

⇒逃げるのに有効。案内してもらったら「じゃあ、それが入荷したころにまた！」

「お直しってできますか？」

⇒得する言葉。洋服屋と提携しているお直し屋さんは格安のことが多いです。

「〜サイズ、取り寄せできますか？」

⇒損せずに済む。逃げるのにも有効。サイズの妥協は後悔しがち。諦めも肝心。

郊外での買い物もオススメ

選択肢が多いと幸福度は下がる？

「多すぎる選択肢は、買った後の満足度を下げる」という説があります。一見、選択肢は多いほど良い気がしますが、選択に費やしたエネルギーや時間、買った後の不安や後悔を考えると、実は「選択肢が多い＝幸せ」ではないんじゃない？ということ。あなたも、さんざん店を回り、結局は買わなかったり、買った後も「本当にこれでよかったかな」と思ったことありませんか？

郊外のショッピングモールもオススメ

個人的な感想ですが、買い物の選択肢は「ほどほど」が一番です。そこでオススメなのが、郊外のショッピングモール。昔に比べると、かなりおしゃれなショップが入るようになっています。店の数も多すぎず、疲れたら休めるのでデートにも便利。二子玉川の「ライズ」などは、都心にもないような隠れた名店が出店していたりします。

Point!

おしゃれの秘訣は審美眼を磨くこと。
勇気を出して、いざショップへ。

セール

またの名を、在庫処分。

アパレル業界におけるセールとは、言ってしまえば在庫処分です。なんでも鑑定団のレギュラーであり、「いい仕事してますね」の名文句でお馴染みの古美術鑑定家・中島誠之助さんも、良いものに触れなければ真の目利きにはなれないとおっしゃっていました。おしゃれもの目利きも同様です。良いものが根こそぎ取られた、セールの時にだけ服屋さんに行くのでは、永遠に良いものがわからなくなってしまいます。そういうこともあって、基本的にセールをメインに据えて服を買うことは勧めていません。ただ、私も人間ですから、セールで「得をしたい」と思う気持ちはわかります。（まあ、実際にはそれほど得をしていないのですが…。）ですので、ここではセールの際の心得を伝授します。ここで重要になるのが、スピード。少なくとも服に関してだけは、余りものに福はないのです。

セール会場は地雷源

セールは本当にお得なの？

セール品というのは基本的に余りもの。おしゃれな人たちは、新作が入荷した段階で店に来ます。その人たちが結局は買わなかったものが、「定価で売る価値なし」として安値で売られるのです。そもそも、服の仕入れ値は50～60%が普通。70%オフなどは何かしら地雷である可能性が非常に高いです。季節末のセールなどは論外。着られる日数も少なく、余りものの余りもので、長く着られるような逸品もまずありません。

アウターやトレンドアイテムに注意

それでも、まれに「XLサイズ」のみ余っていたとか、需要の見込み違いで生産し過ぎたなどで、良品がセールに出されることもあります。しかし、急にトレンドになったアイテムや、シルエットの流行が変わりやすいアウターなどは要注意。来年以降は流行遅れになる可能性があります。そういうわけで、おしゃれになりたいのならセールで3品買うよりも、新作を定価で1～2品買うことを断然オススメしているのです。

狙うなら小物やインポート物

やっぱりセールはスピード勝負

それでも、セールのお得感が好きなんだ！という方には、なるべく早く訪れることをオススメしています。6～7月や11～12月のプレセールなら開始1週間、正月のセールなら初日かが勝負です。ただし、妥協して買うのは絶対に禁物。サイズが違っていたり、デザインがイマイチだと思ったきっちりと諦めましょう。

セールで買ってもいいものは？

セールにも狙い目はあります。それは手袋などの小物類や靴下・下着。それから、インポート物のバッグなどです。手袋や靴下などは流行り廃りもほぼなく、長く使えるアイテム。セールで買っても問題ありません。インポート物は仕入れ価格が50%であることが多く、いきなり40 %オフにすることもあるので要チェックです。

福袋さんには、ご用心

福袋だけはダメ、ゼッタイ

福袋だけは絶対に買ってはいけません。総額6〜7万円分の商品が1万円で！とは、合計しても1万円分の価値しかないもの、ということ。中身といえば、すべて余りものや型落ち品。通常、その店で買い物する人なら選ばないものばかり。福袋を買っていいのは、よほどのマゾヒストか、そのブランドが大好きなマニアのみなのです。

服はいつが買い時なのか

1月 | 正月セール開始
チェック：福袋出るが買う必要なし

2月 | 早いブランドは春夏新作が出揃う
チェック：春夏のシューズ・小物、
スタンダードな服

3月 | すべてのブランドで春夏新作が出揃う
チェック：春夏のシューズ・小物、
スタンダードな服

4月 | 早いブランドは春夏の入荷終了

5月 | すべてのブランドで春夏の入荷終了

6月 | 海外ブランドは秋冬の立ち上がり
（早いところはプレセール開始）
チェック：この時期の新作は期中企画が多い

7月 | プレセール開始
早いところはプレセール開始

8月 | セール開始
（ほぼ全てのブランドで秋冬立ち上がり）
チェック：秋冬のシューズ・小物、
スタンダードな服

9月 | チェック：秋冬のシューズ・小物、
スタンダードな服

10月 | 早いブランドは秋冬の入荷終了
チェック：この時期に出る新作は
期中企画が多い

11月 | 早いところはプレセール開始
（ほぼ全てのブランドで秋冬の入荷終了）
チェック：この時期に出る新作は
期中企画が多い

12月 | プレセール開始

服の買い時は2月か9月です。高感度の高いブランドでは、この時期に新作が出揃うからです。5〜6月と11〜12月まで余力を残しておくのもアリ。期中企画と呼ばれる、今季の一押しアイテムが新作として出てくる時期だからです。

Point!

セールはやっぱりスピード勝負。新作を買うなら2月か9月。今季の一押しが揃う5月と10月もおすすめ。

お直し

服もリノベーションで、賢く美しく。

お直しは、単なる修理だけでなく、現代的なディテールへの改修も含みます。この「お直し」、やってみると結構ハマります。やったことのない男性が多いかと思いますが、一度できるようになると、男性の方が熱中するかもしれません。自分で靴をペンキ塗りしてみたり、好きなボタンを買ってきて付け替えたり。私も学生時代のころは、よくやっていました。今でも時間があれば、簡単なものは自分でやります。ただ、やはり本業のプロにはかないません。彼ら彼女たちは、年間に何百本もの服を直すわけです。修理に出したら、買う前よりも耐久性が上がったり、見本を持ってリメイクに出したらハイブランドと見紛うようなデザインにしてくれたり…。まさに職人。このプロたちは、必ず近くの町に潜んでいます。使わない手はありません。さあ、今すぐお直し屋さんを探しに行きましょう。

リペアだけでではない「お直し屋さん」

お直し屋さんを探せ！

パンツからジャケットやシャツまで、彼女たちの手にかかれば「直せないものはない」といっても過言ではない、服のお直し屋さん。みなさん、街のどこかで一度は見かけたはずです。彼女たちは実は単なるリペアにとどまらず、古めかしい服も現代風にリノベーションできる、超便利な存在なのです。そんな便利屋の皆さんは一体どこにいるのでしょうか？

デパートの中にも発見

彼女たちはクリーニング屋さんや小さな個人洋服店を兼ねていたりします。案外探してみると1、2軒はあるもの。ファッショナブルなおばちゃんたちの憩いの場になっていたりもします。ほぼ確実なのはデパート（百貨店）の中です。チェーン店では「ビッグ・ママ」などが有名ですね。ほかにも、伝統あるホテルの中にも入っていたりします。

お直し屋さんの「超いい仕事」

こんなお直しも出来ちゃいます！

Gジャンの襟

最近、見るようになったノーカラーのGジャン。これもお直しで再現できます。古着で買ったものを加工しても安上がり。ほかにはフードのコートをステンカラーにするなども可能です。

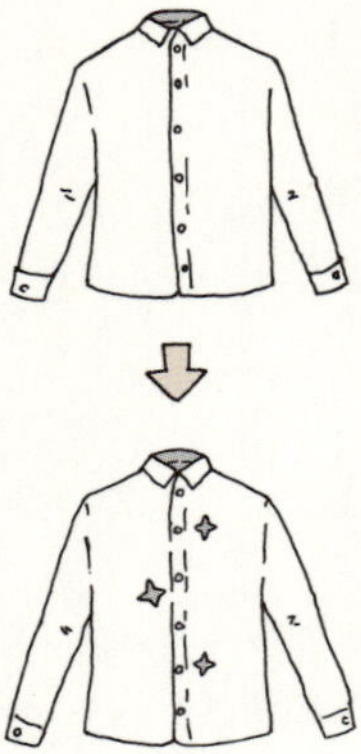

ボタンの総替え

シャツのボタン替えも可能。無機質なプラスチック製から、ツヤのある天然貝にするだけで、かなり印象は変わります。黒シャツのボタンを白にしてカジュアルダウンさせたりもできます。

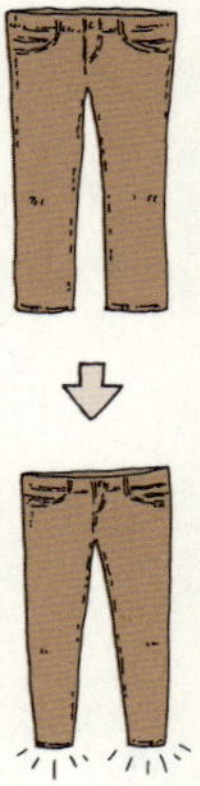

裾をテーパードに

パンツの裾を変形させることもできます。古めかしいフレアパンツや野暮ったいストレートジーンズも裾の形を変えれば現代風に。お直しに持っていくときは見本を持っていくのをオススメします。

コスパも良い感じです

お店やお直しの箇所にも寄りますが、ひとつの部分を直すのに要するお金は、おおよそ2000～3000円。アウター・インナー・ボトムスの3つに手を加えても1万円以内に抑えられることがほとんどです。もちろん、ごくまれに失敗もありますが、見本となるアイテムを持っていき、お店の方とじっくり話せば、まず大丈夫です。

「何を着るか」から「どう着るか」へ

近くにお直し屋さんがなくても

最近はオンラインで全国対応のお直し屋さんが登場しています。ZOZOなどのオンラインストアで買ったものを、お直し屋さんの工房へ直接送付し、直したものを依頼人にお届けといったシステムもあります。近所にお直し屋さんがない場合は、これを利用するのもアリ。

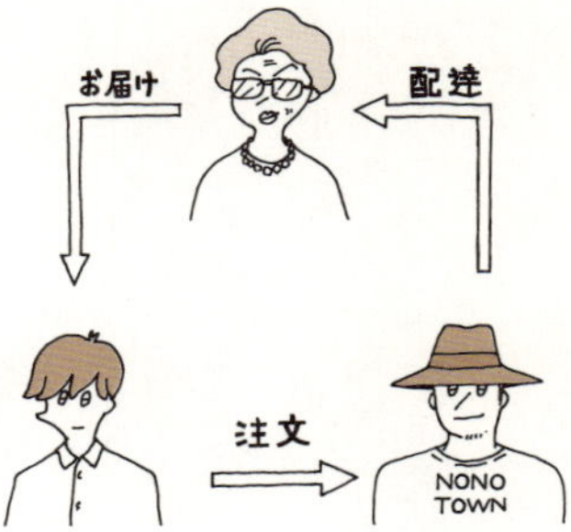

同じ店の同じ服でも

時代は「何を着るか」から「どう着るか」という「着こなしの時代」に移り変わろうとしています。同じユニクロの服でも、「たった1cm」の違いが大きな差になります。そういった意味ではお直し屋さんの活用というのは非常に現代的。是非、あなたなりの着こなしを考えてみて下さい。

Point!

現代風にもアレンジできるお直し屋さんはコスパも良好。どんどん活用して着こなしに差をつけましょう。

買い過ぎないために

買っているのは、「服」ではなく「感情」です。

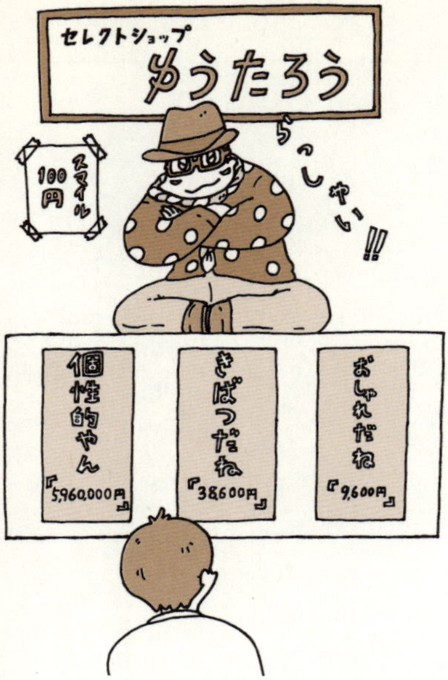

服にハマり過ぎて身を滅ぼす…という例は、男性の場合は少数。ただ、給料を洋服に使いこみ過ぎて、食生活が貧相になり、体調を崩す人は見かけます。しかし、多くの場合は、本人も折り込み済みの行動。客観的には全然おしゃれじゃないと知りつつ、大好きなデザイナーの作品だからと借金して買ったり。そういう、「バカ」が付くほどの服好きの、自覚と覚悟のある行動なら文句はありません。私にだって、昔は好きな服を無理して買って、白米だけを食べる日々がありました。そういう思い切った行動が、プラスに働くことも結構あります。ですが、ある目的のためにおしゃれになった人が、単におしゃれだけが目的化したり、自覚なくお金を遣い込んだりするのには、待ったを掛けたりします。本当に服を好きになったのなら止めません。が、ひとまず、心に留めておいて欲しい話をします。

目的は「おしゃれ」になること

おしゃれは とっても楽しいけれど

新しい服を買うこと・着ることは楽しく嬉しいものです。それは私のような服好きだけでなくとも共感できることかと思います。ましてや、おしゃれの論理や法則がわかってきたら尚更です。身内だけでなく、周囲にも褒められ、あなたはひょっとしたら「服を買うこと」にハマってしまうかもしれません。しかし、実を言えば、それはあまり本意ではないのです。

「服を買う」にハマり過ぎると

1. お金がなくなる

単純ですが、切実です。高級な服に手を出した挙句、カップラーメンをすする生活は、学生か本気でファッションを好きになった人だけにしかオススメできません。

2. 場所がなくなる

これも超単純。単純に生活しづらいです。あとドン引きされます。私もよくやりがちです。気に入ったものを何品も買ってしまったりして病気を疑われます…。

3. 時間がなくなる

お店巡りもそうですが危ないのがネットショッピング。最近のオンラインストアはレコメンドがどんどん出てきて、セール時などは買わずに朝が来ます。

4. 一周して変な格好になる

この本を読んでれば大丈夫とは思いますが…。中級者が少しだけ個性を…と、ハイブランドなどに手を出して変貌してしまう可能性も、無きにしも非ず。

誰がために服を買う

おしゃれの基本的な考え方

1. 高いものを買いまくっても
2. ごちゃごちゃとアイテムを付けても
3. どれだけ時間をかけても
4. 自分でおしゃれと思っても

→

他の人から
「おしゃれに見える」とは限らない

「おしゃれ」かどうかとは「他人」が判断するものです。おしゃれになりたい人は、自分のために服を買ってはいけません。好きな子に褒められたい、仕事ができるように見せたいなど、他人にどう思われたいかを考える必要があります。「ファッショナブル」と「おしゃれ」は違います。多くの人に褒められたいなら、まずは「おしゃれ」になることです。

Do you remember me ?

1. 最適のコスパで
2. できるだけ物を買わずに
3. なるべく早く
4. 周囲に褒められたい

→

そのための
「おしゃれ」の理論です

あなたが、この本を手に取った理由は何だったでしょうか。恐らく、なるべく早く簡単に、お金を使わずに「おしゃれ」になりたいと思ったからでしょう。それを忘れないで欲しいのです。最低限のリソースで、最大限のおしゃれをして、あとは自分が本当に好きなことや人のために、お金と時間を使ってください。私の本やメルマガはそのためにあるのです。

シンプルでも十分、おしゃれ

デザイナーも シンプルを好む

少し話は変わりますが、著名なファッションデザイナーも、多くはシンプルな服装を好みます。代表的な人を挙げるとすれば、クリストフ・ルメールやジャン＝ポール・ゴルチエなどです。コレクションのニュース画像などを見ていただくとわかりますが、彼ら自身はモノトーンを基調とした、シックな着こなしが多く、まさに「他人のために服を作るプロ」であることを感じさせます。

それでも 好きになったなら

あなたが、この本を通して本当にファッションを好きになった、あるいは、更に好きになった、というのなら、それはそれで非常に嬉しいことです。時に浅ましく、時に深遠な、このファッションという世界を、共に楽しんでくれる仲間が増えるというのは至上の喜びでもあります。

Point!

最低限のリソースで、最大限のおしゃれをして、本当に好きなことや人のためにお金や時間を使いましょう。

海外スナップ・コレクション

「餅は餅屋」。では、服は…？

流行の源流は、どこにあるでしょうか？流行は、コレクションと呼ばれる超一流のデザイナーが手掛けるブランド（ハイブランド）の発表会から発信されることが多いです。もちろん、中には日本で流行らないまま消えたり、日本国内だけの流行が生まれたりもします。ほかにも、トップスターの言動や服装、名もなき大衆から生まれてくる流行もあります。が、もっともはっきりと流行の萌芽をチェックできるのはコレクションです。メンズファッションは、レディースほど流行に左右されません。しかし、アイテムのディテールの変化に気づき、なぜそれがトレンドなのかを考えることは、おしゃれになることを目指す上で、意義があります。なぜ、これがおしゃれに見えるのか？それを考えることは成長に繫がります。さあ、まずは洋服の本場に住む人たちの街着を見ることから始めましょう。

着こなしは「本場」に学ぶ

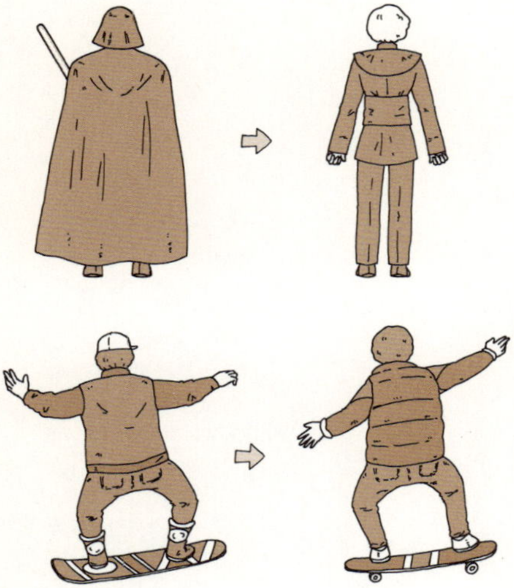

受け継がれる洋服の着こなし

欧米では洋服の着こなしを親から子へと受け継いでいきます。それを言葉やルールとして教育しないとしても、子どもは親や周りの大人たちの着こなしを見て、仕事着の流儀や、街着としての着方を感覚的にも身に付けていきます。海外スナップなどを見ると、日本人が普段は気づかない様な細やかな気配りや、面白い遊び方を見ることができます。

海外スナップで本物に触れる

餅が餅屋なら、洋服は洋服屋…と言いたいところですが、海外スナップを見るのが一番です。洋服の着こなし方を身に付けている人たちの中でも、特におしゃれな人たちを取り上げているわけですから、非常に勉強になります。もちろん、渋谷や原宿、表参道でコーディネート観察も勉強にはなりますが、やはり、より良いものを見ることが一番です。

海外スナップで技術を盗む

例1 ドレスアップのテクニック

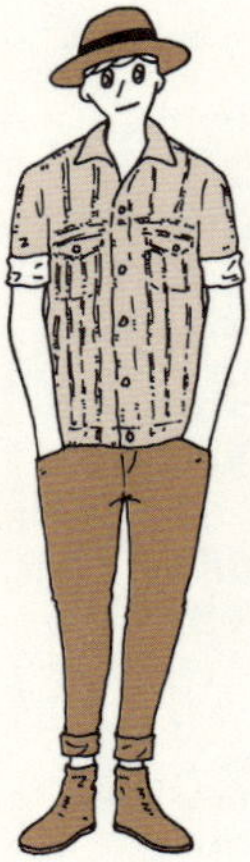

A

B

A. ボトムとハットで格上げ

トップスはいい感じに着古した味のあるデニムシャツ。そこに細身で黒いボトムスとレザーブーツ、更にハットを合わせて綺麗にまとめ、カジュアルさを上手に打ち消しています。

B. 上品な色味とシルエット

レディースも参考になります。ブルゾン、Tシャツ、ジーンズ、スニーカーというカジュアルアイテムを使用しつつも、すべてモノトーンにまとめてドレッシーな印象に仕上がっています。

例2 カジュアルダウンのテクニック

C. 一枚で醸し出す上品な色気

グレーのセーターとスラックスに白シャツと黒の革靴。キメスギになりがちなコーデをシングルのライダースで、ほど良くカジュアルダウン。日本人でも取り入れやすいコーデです。

D. 本場ならではの高等テク

白T＋細身の黒ボトムス＋スニーカー、更にドレッシーなダブルのコートを合わせていますが、白キャップとコートのオーバーシルエットで適度にカジュアルダウン。

C

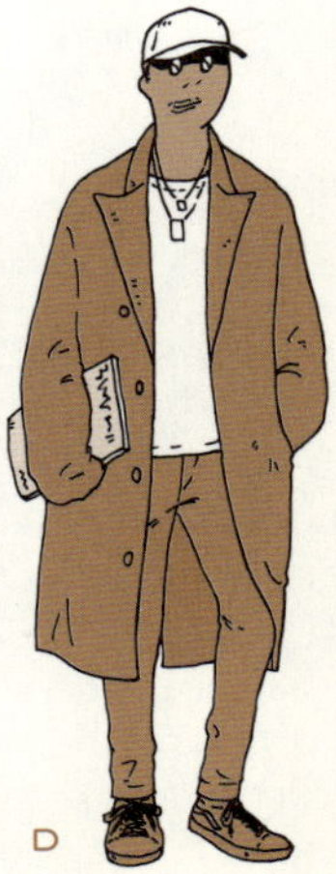

D

コレクションでトレンドを読む

コレクションって何？

海外コレクションとはシーズンに先駆けて行われるハイブランドの発表会。各ブランドがパリ・ミラノ・ニューヨーク・ロンドンなどで、合同で作品をお披露目します。祝祭的なショーでもあるため、ネットなどでは奇抜な趣向に話題が集まってしまいますが、コレクションは今後の流行を読み解く際、非常に参考になります。

シルエットや単品に注目

コレクションは、シルエットに注目するのが一番わかりやすいです。また、ひとつひとつのパーツを見るのも勉強になります。しばらくリラックス感のあるシルエットが続きそうだな…とか、今年は全体的にミリタリーテイストのアイテムが多いな…など、丁寧に観察することで今後のトレンドが読めるようになるのです。

Point!

海外スナップは基礎から応用まで学べる教科書。
コレクションはトレンドを読み解く参考書。

季節感

移りゆく四季の中で、その時々の服を楽しむ。

古来より、日本には四季があり、その時々に合わせた服装や生活、行事を楽しんできました。おしゃれをするのが好きな人にとって、四季があることは幸せなことでもあります。3～4ヶ月ごとに、それぞれのシーズンに合わせた服装をすることは、とても楽しいもの。もちろん、面倒だなぁと思う人もいるでしょう。ですが、この本を読んでおしゃれを楽しむことを覚えれば、きっと変わるはず。さて、季節によって変化させる要素として、素材があります。これって、意外と気づきやすいものです。「冬なのに夏用のリネンジャケット？」や、「夏にベロア素材の靴で暑くないのだろうか…」など、結構、気になります。いくらお気に入りでも、違和感を覚えられてはおしゃれではありません。四季に合わせた格好をする方が、日本では自然なのです。その四季が、だんだん崩れ始めているとしても…。

「不都合な真実」は真実…？

四季は なくなりつつある？

地球温暖化が真実なのか否か、素人には断定しかねるところですが…。明確な四季を感じることは少なくなりました。やっと春が来た！と思ったら、急激に30度まで上がったり、また地獄の寒さが舞い戻ってきたり…。ライダースやスプリングコートなどを着るタイミングも、最近は難しいですね。

四季は「感じるもの」かも…

実は4月と12月の平均気温はそんなに変わらなかったりもします。それでも、なんとなく我々は12月になるとウールのコートを着て、中にも沢山着こんでしまいます。少々、寒かったり暑かったりしても、その季節らしい服装に着替えることでなんとか四季を感じようとしているのかもしれません。いくら異常気象で暑かったり、室内で生活していても、冬にリネンを着ていたりすると違和感があるもの。季節に合った服装をすることが、やはり「自然」でおしゃれです。

春夏秋冬を楽しむ素材

四季を感じる素材・コーデのコツ

春　コットン・ポリエステルや薄手のウールなど。ペールトーンなどを差し色程度に取り入れるのもアリ。

夏　リネン・コットン・ポリエステル・サマーウールなど。ドレス要素を取り入れにくいのでトップスにツヤのある生地を。

秋　コットン・ポリエステル・薄手のウールなど。カーキなどダークトーンを適度に取り入れると秋らしくなります。

冬　ウール・ウール混のアクリル・ポリエステルなど。重くなりがちなのでシューズやストールなどの色・柄で軽く。

ご参考までに季節感のある素材をあげました。最近は、薄く見えて高い保温性を発揮する素材や、ツヤ感はそのままに、夏でも使える通気性の良いウールなどが出回っています。バランスを考えつつ、色味や差し色で、季節感を出すのもいいかもしれません。

夏にニット!?

最近、ファストファッションでも見かけるようになったのが、半袖のサマーニット。ニット素材ながら通気性が良く、夏にも使えます。ニット特有のツヤ感と高級感も魅力。表面に凹凸があり全体的に陰影ができ、ワンサイズ大きめの物なら、お腹の出っ張りも目立ちにくくなります。

Cool biz is not「Cool」?

なんともイマイチなクールビズ

10年ほど前から全国の職場で取り入れられるようになったクールビズ。正直、パッとしません。能率は上がったかもしれませんが、見た目的にはだらしない印象のサラリーマンが増えました。というのもビジネスマンの仕事着はドレス度100％が本来の姿。そこから何かしら崩すわけですから、どう足掻いても難しいのです。それならば、取る方法は、なるべくドレス度を崩さないこと。

ドレスアイテムを自然に着崩す

クールビズでやりがちなのが、柄付きの襟や、半袖のシャツを取り入れてしまうこと。これではカジュアルさを助長してしまいます。ブロード素材の長袖白シャツは維持です。崩すなら、ラフな腕まくりとニットタイ。ニットタイはシルクに比べるとカジュアルですが、崩し過ぎになりません。（ほかにも台襟付きのポロシャツも有効なので、こちらはシャツの項をご参照下さい。）

Point!

季節感の感じられる服装は、やっぱりおしゃれです。クールビズは「ドレスをなるべく崩さない」を前提に。

服のケア

繊維にも、休息を。

どんなに屈強な戦士にも休息は必要…。更に言えば機械仕掛けのドラえもんですら休日は必要…。いわんや、服をや…です。服というのは、思っている以上に繊細なもの。繊維という本当に極細の糸状のものでつむがれているのですから。レザーを使用しているバッグやシューズもそうです。これだって水分や熱、化学薬品には弱いのです。できることなら毎日使いたい、お気に入りの洋服やシューズに帽子…。しかし、毎日の使い込みは繊維も傷め、型崩れや色落ちも起きてしまいます。それはそれで、愛着が湧きます。ですが、何度もクリーニングやお直しに出しているうちに、いつか限界が来ます。その時は、思い切ってさようならをするのが大事。でも、やっぱり好きな服は長く着たいもの。ここでは、誰でもお手軽に始められる服のケアのコツや、ちょっとした知識をお教えします。

ケアしてあげれば長持ちする

そもそも服のケアって必要？

服や小物はケアしてあげることで長持ちします。逆に、雑に扱えば、すぐにダメになってしまいます。かなり丈夫な繊維で、念入りに作っている学生の制服。私が学生のころは、毎日の使用で２年目の途中あたりからツルツルになったり、挙句には破れてしまっている友達をよく見かけました。衣替えがあるとはいえ、学生の運動量で、ほぼ毎日使って２〜３年もつって結構すごいことですが…。

味なシワもある

服のケアにはシワの対処も含みます。ただ、コーデやアイテムによっては、シワがあった方が良いことも。例えば、綺麗めなスラックスにオックスフォードシャツを合わせる場合。このシャツの適度なシワは「味」になります。ドレスとカジュアルのバランスを、ほど良く保ってくれます。逆に、ショーツやデニムなどのカジュアル寄りなパンツと合わせる場合はシワのないブロードシャツが合いますね。

まずは手軽なケアから始める

最も簡単なケア

手軽なケアの仕方として、「タンクトップをアンダーウェアとして着る」と「毎日使わない」が挙げられます。タンクトップをシャツの下に着こむだけで、汗などの付着や、摩擦が相当減ります。色は肌に近いベージュや黒が目立ちません。また、コートなどは厚みのあるハンガーに掛けて一日おきに休ませるだけでも、かなり違います。できれば、専用のブラシで汚れを落とし、繊維を整えてあげましょう。

ハンガーに掛けたままアイロン?

私のような面倒くさがりにうってつけなのがスチームアイロン。蒸気の熱でシワを伸ばしてくれるアイロンです。ハンガーに掛けたままでも使えます。これが本当に便利なのです。通常のアイロンに比べると、機能は劣りますが、軽いシワならこれで十分伸ばせます。お値段も手ごろなものが多いのも魅力。小型で軽量なので出張や旅行などにも持っていきやすいです。

高級品＝丈夫で長持ち？

高級品＝丈夫で長持ちはウソ

冷静に考えればわかるのですが、「高級品だから長持ち」は根拠がありません。むしろ、高級品こそ、手入れや管理を怠ると、すぐにダメになることが多いです。最新の技術を利用した特殊繊維なら別ですが、シルクやキュプラなどの高級素材の多くは非常に繊細。水分や熱などに弱いです。カシミヤのウールなども着心地は最高ですが、やはり毛玉はできやすいです。

洗濯タグの表示は結構テキトー？

ただ、衣服についている洗濯用タグの表示は結構テキトーです。いくつかの現場を見てきたのですが、「とりあえず、クレームが付かないように」ということで、洗濯機ではなく手洗いの表示を付けたり…。コットン素材などのジャケットで、「手洗い」って書いてあるけど、なんかいけそうだな…、と思ったら知り合いのクリーニング屋さんに相談してみるのもアリかもしれません。

Point!

服は思っている以上に繊細なものです。
まずは手軽なケアから初めて、長く愛用してあげましょう。

COLUMN

3

サンクコストに、ご用心

「服のケア」の話の裏で、なんだかやりにくいですが、ちょっと断捨離的な話。

「サンクコスト」という言葉があります投資用語ですが、日本語に訳すと「埋没費用」です。すでに支出され、どのような意思決定をしても回収できない費用のことです。

ギャンブルでも、この「サンクコスト」を意識して大失敗する方が多いのではないでしょうか。例えば競馬をして負けがかさんでいた時、「ここまでやったのだから勝つまでやめられない!!」なんて考えてしまうパターン。これは典型的な「サンクコスト効果」。冷静に考えれば、今まで使ったお金がいくらだろうが、次の勝ち負けには関係ないわけです。ならば、負けの続く状態でサンクコストを意識するのは、まったく意味がありません。

「負け続けているから引き下がれない」という考え方は非合理的な判断です。それは洋服においてもです。

あなたはいつまで10年前に買った洋服の着こなし法を考えているのですか?それは「サンクコスト」じゃありませんか?

…もう説明せずとも今の問いかけだけで「ハッ!」とした人は多いでしょう。「10万円も出した服だから、なんとか着まわしたい…」「なんか全然似合わないけど、先月買ったばかりのものだから…」なんて思うアイテム…皆さん誰もが一品くらいは持っているのではないでしょうか。

それらはすでに埋没費用、サンクコストです。10万円でも300円でも、そのお金はどうやっても返ってきません。今、あなたがすべきは「過去取引の詳細を鑑みること」ではなく、「今ある選択肢の中で最大限オシャレになる方法を採ること」です。どう着てもおしゃれになれない服なのなら、早めに売って、自分が望む服を買う足しにすればいいのです。「もったいない」と思うかもしれませんが、そもそも払ったお金はもう戻りきません。その服に縛られていること自体が「機会損失」なのです。

合理的な判断をするのならば、買った時期、払ったお金に関係なく「使わない服は売る」方が良いのです。特に、服は「物」です。物はあるだけでコストがかかります。服を置いて保管している場所にも、家賃の一部がかかっているわけです。そこが家賃のかからない「実家」だとしても、「機会損失」という意味でコストがかかっているのです。

また、「使わないけど持ってるカーゴパンツ」がある状態だと、心理的に新しいカーゴパンツを買えなくなるもの。お店で良いカーゴパンツを見つけても、「そういえば家に着ていないカーゴがあるし…。あれ、なんとか活かせないか、ちょっと考えてみるか」なんて思って、手を出せなくなる心理的な障害が生まれます。これも「使わない服を持っておくことによる機会損失」と言えるわけです。「連続して2シーズン着なかった服は売る」せめてそのくらいのルールは自分の中で作っておいた方が良いかもしれません。サンクコストにとらわれない、合理的な選択を。

MB的ファッション用語解説

ここではファッションに関する基本的な用語や、MBの本・メルマガに頻出する単語についてMB独自の視点も加えつつ解説します。

45 WORDS

あ

アイロン

服のシワを取るための機械。家事の苦手な男性には、お手軽なスチームアイロンがおすすめです。

アメカジ

アメリカンカジュアル。アメリカらしい、機能性を重視した服（スウェット・ジーンズなど）を中心にしたコーディネートを指します。１９６０年代に流行したアイビールックなども含むようです。アメカジのアイテムはドレススタイルとうまく組み合わせれば、ラフで男性的な色気が簡単に出せます。バランスを配慮して、上手に着こなしましょう。

伊勢丹（いせたん）

明治創業の老舗百貨店。新宿にある伊勢丹メンズ館はメンズファッションの最先端・最高級品が集まる、まさに宝石箱。ここの商品を見れば審美眼が変わります。

ウール

主に羊の毛を使用した繊維。細く滑らかな種類を使えば、風も通しにくく光沢感のあるセーターができます。

SPA（えすぴーえー）

素材の調達から、製品の販売まで一貫して自社で行う業態。ユニクロやGU、グローバルワークなどが有名です。

か

カシミヤ

カシミヤ山羊から採取したウール。直径が平均16ミクロン以下と超極細。保温性はもちろん、軽量で柔軟性にも優れている最高級の繊維です。

カットソー

CUT&SEWN（切って縫う）の略からくる言葉。一般的に薄手素材のインナーウェアのことを指します。編み上げて作る「ニット」と区別する言葉。「Tシャツ」なども広義においては「切って縫う」ものなので、カットソーと呼ばれることが多くなりました。

機械式時計

人間の力でゼンマイを巻き上げることで時を刻む時計。電池が不要です。自分で定期的にゼンマイを巻き上げる手巻き式と、腕の振りでゼンマイが巻かれる自動巻きがあります。どちらも電池が不要です。

クォーツ式時計

水晶の振動を用いて時間を刻む電池式時計。世の中に流通する大半の時計がこれにあたります。

コレクション

シーズンに先駆けて行われる各ブランドの新作発表会。パリ、ミラノ、ニューヨーク、東京、ロンドンなどで開催されます。奇抜な衣装やコーディネートに話題が集まりますが、シルエットやひとつひとつのアイテムを注意してよく見るとトレンドなどが把握できるようになってきます。

コム・デ・ギャルソン

日本を代表するデザイナー川久保玲が1973年に設立したブランド。黒ずくめの服や穴あきニットなどで当時のファッションの概念を覆し、「ヨウジ・ヤマモト」と共に「黒の衝撃」と呼ばれました。

さ

シルエット

洋服を着用した際の身体のラインのこと。I・A・Y・Oラインなどがあります。

シューキーパー

靴の形状を維持するための器具。革製の靴などの型崩れが起こりやすいため長持ちさせるには必須品。脱臭効果があるものも。

ステッチ

ジーンズなどの縫い目を指すことが多いです。これが目立つとカジュアルな印象に。生地と同じ色の糸で縫ってあると目立ちにくくなります。

滑り止め

雪国の人でも、普段なかなかやらないシューズの滑り止め加工。実はお直し屋さんやミスターミニッツなどで簡単にできちゃいます。ソールの減りなども防げるので、買ったらすぐ付けるのがおすすめ。

セレクトショップ

幾つかのブランド品をバイヤーの目利きによりセレクトし販売するお店形態のこと。現在では多くのセレクトショップが自社のオリジナルブランドの製品も並行して販売しています。対義語は「オンリーショップ」。

素材

シルエット・デザインと共に、アイテムのドレス具合を決める重要な要素。「素材（カラー）」と表記して色も含んで考えます。基本的には滑らかなツヤのあるウールやレーヨン・キュプラなどを使用したものがドレスライクに見えやすいです。

た

ダブル

1…パンツの裾の仕上げの一種。裾を外側に折り返し縫い上げたもの。ダブル仕上げは重みができるため、裾にシワがつきにくく、美しいシルエットになりやすい。

2…ジャケットのデザインの種類。ボタンが2列になっているタイプ。本来は改まった場ではシングルの方が正式なのですが、日本ではあまり見かけないため、ダブルの方がかっちりした印象になります。

チップ

革靴のつま先にある飾り。もともとは摩擦を防ぐためのもの。ウィングチップも人気が高く、格好良いのですが、ややカジュアル寄りになるため一足目にはストレートチップなどのシンプルなものをおすすめします。

デザイン

シルエット・素材と共に、アイテムのドレス具合を決める重要な要素。衣服のポケットやボタン・襟の形状などのディテールと考えるとわかりやすいです。メンズファッションの場合、デザインは基本的にシンプルなほどドレスライクになります。

デニム

主にジーンズに使われる厚手の生地。丈夫で、色落ちや擦り切れが生じても、独特の味になるため長年使用できます。ドがつくほどのカジュアルな素材なので、ドレスライクなコーディネートに取り入れましょう。

トップス

上半身の衣服。シャツやセーターなどを指すことが多いですが、コートなどのアウターを含むことも。

トレンド

「流行」のこと。ファッションは「ほか大勢の人がしない着こなしや組み合わせ」などで差別化することが前提となるため、一つのトレンドがマスまで浸透しきるとまた再び新しいトレンドが生まれます。

ドレスダウン

ドレッシーなアイテムを着崩すこと。例えばテーラードジャケットにスラックスではなくデニムを合わせたるなど。対義語として「ドレスアップ」があります。

な

ニット

毛糸などで編まれた衣服。セーターやカーディガンを指すこともあります。一般的にTシャツやカットソーなどで使われる素材よりも手間がかかるため高価なものが多いです。編み目が荒いものはローゲージ、細かいものはハイゲージと呼ばれます。通気性の良い夏用もあります。

ヌケ感

近年、アパレル関係者に使われるようになった言葉。緊張感のない、自然なリラックスした感じのこと。おしゃれにキメ過ぎはNG。ドレスとカジュアルのバランスを取ることで、ヌケ感が出せます。

ノームコア

「ノーマル」と「コア」を足した造語。究極の普通、という意味。ことごとくシンプルなアイテムを使ったコーディネートを指します。ミニマリズムをはじめとしたいくつかの思想が根源にあるされています。

は

ハイテクスニーカー

最新のテクノロジーを取り入れたスニーカーのこと。「ＡＩＲＭＡＸ」などが有名です。対義語として「ローテクスニーカー」。

ハンガー

服を掛けるための道具。基本的には厚めのものほど服の型崩れがしにくくなります。

ビッグシルエット

適合サイズよりもやや大きめに作ったシルエットのこと。もしくは適合サイズよりもあえて1～2サイズ上げて着る着こなしのこと。90年代ではストリートファッションなど若者のみの文化でしたが、２０１５年頃からは「体型を隠すことができる」と老若男女問わず受け入れられ現代ファッションのトップトレンドになりました。

比翼（ひよく）

シャツやコートなどを着たときに、ボタンを前立てで見えなくする仕立て。すっきりとしてドレスライクに見えます。

ファストファッション

低価格で流行の服を販売する店。ＧＡＰ・Ｈ＆Ｍ・ＺＡＲＡなど。流行の服が安価で手に入るため人気です。そのぶん、素材や縫製の質が残念な店も多いのも事実。ユニクロもこの分野にくくられることが多いですが、デザインなどにかなりの時間をかけて汎用性の高い服を作っているため、実のところはスローファッションとも言えそうです。

ブルゾン

フランス語で短い上着という意味。いわゆるジャンパー。ＭＡ-１やスタジャン、コーチジャケットなど。

ボトムス

下半身の衣服。パンツ（ズボン）を指すことが多いですが、正式には靴やソックスも含まれます。

ま

ミリタリー

軍服や戦闘服は、機能性が高く、デザイン的にも完成されたものが多いです。そのため、度々、ファッションデザイナーたちによってモチーフにされます。

メリノウール

メリノという種類のヒツジから採れる毛。ほかのヒツジに比べても非常に細く弾力があり、保温性にも優れています。特に毛の細いのがエクストラファインメリノと呼ばれ、これを使ったユニクロのセーターは技術的にもコスパ的にも脅威としか言いようがありません。

モッズ

モダーンズの略。１９５０～60年代にかけてイギリスの労働者の間で流行したスタイル。彼らが愛用したミリタリーパーカーが、のちにモッズコートと呼ばれるようになりました。他にも細身のジャケットやパンツ、花柄のシャツやネクタイなどが特徴的です。

モード

「流行」を意味する言葉ですが、転じて「海外コレクションで発表される最先端のスタイル」などを指します。定義が曖昧なので、「コム・デ・ギャルソン」などのイメージから、黒ずくめのコーディネートを連想する人も多いようです。

ゆ

UNIQLO（ユニクロ）

ファーストリテイリング社が運営するアパレルショップ。一般的にはファストファッションに括られますが、トレンドに大きく左右されない長く使える商品を多く作り続けています。

ユニセックス

男女兼用を意味する言葉。昨今ビッグシルエットのトレンドなどをはじめ、サイズを気にしない「サイズレススタイル」、性差を気にしない「ジェンダレススタイル」などが注目されており、それに伴ってユニセックス品が増えてきています。

よ

ヨーロピアンカジュアル

ヨーロッパ風の、やや上品なカジュアルアイテムを使ったコーディネート。実用的なディテールや素材、ポップな色や柄が特徴的なアメカジに対し、ルーズシルエットや淡い色使いなどで上品さを保ちつつドレスダウンする傾向があります。

ら

ルメール

クリストフ・ルメール。１９６５年生まれ。１９９０年に自身のブランドを設立。その傍らでラコステのクリエイティブディレクターを務めるなど他ブランドでも精力的に活動。２０１１年から２０１５年まではエルメスのレディースウェアのアーティスティックディレクターを務めました。２１０５年からのユニクロとのコラボレーションで世間の認知度も高くなりました。

レーヨン

再生繊維の一種。発色性がよく、光沢感があるので、生地としてこれを使うとドレッシーな印象になります。摩擦に弱く、シワになりやすいのが難点です。

レトロフューチャー

昔の人が考えた未来像。昔の映画に出てくる空飛ぶ車などですね。エアマックスやチープカシオのフォルムやデザインはレトロフューチャーの影響が見て取れます。

ロールアップ

裾や袖などを一折り、もしくは二折して丈を短くすっきり見せる着こなしの方法。手首・足首は体の中で細くくびれている箇所なので、ロールアップでここを見せれば全身をすっきりとした印象にできます。

わ

ワードローブ

手持ちの衣服。もともとは衣装だんすや衣装を収納するトランクなどを指しました。着られる服には限りがあるもの。ワードローブの増やしすぎには、ご用心。

あとがき

今回、こういった「イラスト」というアプローチでファッションを語った理由は、ただひとつ。「オシャレを知らない人にこそ、オシャレの素晴らしさや論理性を提供したい」と思ったからです。

ファッション雑誌は美しい写真は載せてくれるものの、どこか初心者を置き去りにしがちなものです。分かりにくい専門用語や、極めて感覚的な表現などに終始しており、いくら読み込んでも再現性は低く、オシャレに対する理解はいつまでも深まることがありません。

内気でネガティブだった私は、洋服を知ることで少しずつ人生を好転させることができました。男兄弟で育った私は、女性に対してどこか気後れする部分があり、同級生の女子と会話するにしても、どこかオドオドとしがちでした。しかしオシャレをすることで「少し格好良くなった」と実感した途端、「饒舌」とはいかないまでも、それなりにスムーズに会話もできるようになったのです。

オシャレは、いちカルチャーに過ぎません。別に興味がなくったって生きていけるものです。仕事・恋愛・日常生活の方がずっとずっと大切です。しかし私の例の通り、人生を「少しだけ助けてくれる」ツールとなり得るものです。この素晴らしいおしゃれの世界を雑誌のような再現性が低く、分かりにくい媒体にとどめておくのはあまりにも勿体ないと常日頃思っています。

本書は、「暇つぶしがてら」に読んでくださって良いと思っています。寝そべりながらでも、リラックスして読んでいただいて、時々、「クスッ」と笑ってもらえれば幸いです。

しかし、書いてある内容は、実に私が10年以上かけて構築した、再現性の高いファッション論理の集大成でもあります。「イラストが面白いから買ってみた」そんな軽い気持ちで読んだ本の中に、実は人生を助けてくれるツールが凝縮されている…そんな本を目指しました。おしゃれをまだ知らない人に、少しでもこの有益なおしゃれの世界を感じてもらうことが、自分の社会的使命だとも思っています。

また、本書を読んでおしゃれに興味が出たのならば、私が毎週配信しているメールマガジンをご購読ください。(『最も早くおしゃれになる方法メールマガジン http://www.mag2.com/m/0001622754.html) ここでは毎週トレンド情報や着こなしの法則に関して徹底的に語っています。高いものではなくユニクロやGUなどの格安ブランドを使っておしゃれになる方法も解説しています。再現性も高く、お金もさしてかからない理想的な内容です。

最後に本書出版に尽力して下さった関係者の方々、私の大事な家族、友人、愛すべきメルマガ読者様、そして本書を手にとってくださった全ての方に心から感謝致します、本当にありがとうございます。

私はこれからもまたオシャレを世の中に広めていくことを使命として、生きていきます。ぜひ、またどこかでお会いしましょう。

M.B

MB

ファッションバイヤー・ブロガー。不明瞭だった男性の「おしゃれ」のルールや法則を、客観的に分析したブログやメルマガで話題沸騰。雑誌・書籍・動画配信・テレビ・ラジオ出演など、現在ではメディアを問わず活躍している。自身のファッションブランド「MB」も好評で、人気ブランドとのコラボ企画なども進行中。

デザイン　中道陽平（tento）
イラスト　片倉 航
撮影　白井 亮

メンズファッションの
解剖図鑑

2016年12月1日 初版第1刷発行

著者　MB

発行者　澤井聖一
発行所　株式会社エクスナレッジ
〒106-0032
東京都港区六本木7-2-26
http://www.xknowledge.co.jp/

問合せ先　編集
TEL：03-3403-1381
FAX：03-3403-1345
info@xknowledge.co.jp
販売
TEL：03-3403-1321
FAX：03-3403-1829